Evreux
1846

Chassant, Alphonse-Antoine-Louis - Sauvage, G.-E.

Histoire des évêques d'Evreux

HISTOIRE

DES

ÉVÊQUES D'ÉVREUX.

DÉPOSITAIRES DE L'OUVRAGE :

A PARIS, J.-B. Dumoulin, libraire, quai des Augustins, 13.
A ROUEN, Lebrument, libraire, successeur de Ed. Frère,
quai Napoléon ;
A CAEN, A. Hardel, libraire et imprimeur-lithographe,
rue Froide, 2.
A ÉVREUX, Louis Tavernier et Cie, imprimeur-éditeur ;
— Cornemillot, libraire,
Et les autres libraires de la ville.

HISTOIRE

DES

ÉVÊQUES D'ÉVREUX

AVEC DES NOTES ET DES ARMOIRIES,

PAR

M. A. Chassant, bibliothécaire, et M. G.-E. Sauvage, régent au collège d'Évreux.

ÉVREUX,

IMPRIMÉ PAR LOUIS TAVERNIER ET Cie.

1846.

PRÉFACE.

Bien des personnes disaient : « Il manque une
» histoire particulière des évêques d'Evreux. »
Nous avons essayé de combler cette lacune.
L'éditeur de notre œuvre collective avait conçu
la pensée de publier une série de petits ouvrages
qui pourraient intéresser le département de
l'Eure; cette série est commencée, l'*Histoire des
Evêques d'Evreux* en formera le deuxième volume (1).

Mais une histoire succincte et, en quelque
sorte, sommaire, n'est pas un livre toujours facile
à écrire. Dans un sujet comme celui-ci, lorsqu'on a des devanciers qui ne sont pas d'accord
sur les faits, sur les dates et parfois sur les
noms, comment éviter des discussions fréquentes
et nécessaires, pour appuyer une opinion ou en

(1) Le premier volume est en vente: *Opuscules et Mélanges
historiques sur la ville d'Evreux et le département de l'Eure*,
par M. Bonnin, chez Cornemillot, libraire à Evreux.

réfuter une autre ? Prendre pour guide *Le Bras-seur* (*Histoire civile et ecclésiastique du comté d'Evreux*), c'était nous égarer avec sa chronologie souvent erronée et admettre plusieurs évêques négligés ou même rejetés par d'autres écrivains.

Au lieu de nous exposer à des dissertations sans cesse renouvelées et qui en dernière analyse n'auraient présenté que l'opinion de deux hommes sans autorité, nous avons cru devoir adopter et suivre fidèlement l'autorité bien établie et bien reconnue des Bénédictins. Leur grand ouvrage appelé le *Gallia Christiana* est partout cité comme une œuvre de savoir et de vérité historique; ce qu'il y avait de mieux à faire était donc de le suivre jusqu'au point où il s'arrête, c'est-à-dire jusqu'à l'an 1753.

Pendant que l'un de nous résumait, dans une traduction presque littérale, les notices biographiques données sur chaque évêque par le *Gallia Christiana*, l'autre recueillait les documents les plus certains, qu'il trouvait épars, pour en enrichir le texte ou les présenter dans des notes courtes et intéressantes.

Les dédicaces faites par tel évêque ou les institutions concernant telle ou telle église, ont été consignées avec soin dans le corps de la notice ou, plus souvent à la fin, comme des faits propres à intéresser MM. les desservants actuels des diverses paroisses.

Quelquefois sur une pierre tumulaire, sur des vitraux ou des boiseries d'église, on remarque des écussons qu'on ne sait à quel personnage attribuer. Ils constatent souvent un don, une fondation épiscopale. Pour donner le moyen de vérifier ce fait, l'un de nous a recherché et dessiné le blason des évêques qui avaient des armoiries.

Outre les notes rejetées au bas de la page, les notices sont parfois suivies ou complétées par quelques lignes marquées d'une triple astérique (*∗*); ce sont des additions critiques données par le *Gallia Christiana*.

A l'année 1790, une difficulté se présentait. Les deux évêques successeurs de François de Narbonne n'ont pas été reconnus par tous comme évêques légitimes ou canoniques, parce qu'ils ont prêté le serment à la constitution civile du clergé. Il y a cependant un fait, c'est que ces deux hommes ont administré les affaires spirituelles du département et avec le titre d'évêques. D'ailleurs notre but n'était point de juger la légitimité du titre de nos évêques, mais seulement de consigner les faits historiques, sans en essayer la moindre appréciation ; et n'était-il pas bien intéressant d'indiquer par un simple récit ce que la religion devenait pendant cette époque d'effroyable tourmente? Nous avons donc présenté en quelque sorte, à part, l'histoire des évêques constitutionnels ou *assermentés*, comme disait le peuple.

Telle est la marche qui a été suivie pour résumer nettement l'histoire ecclésiastique d'un diocèse illustré par de pieux et savants évêques.

Puisse ce travail être bien accueilli, et le succès encourager notre éditeur à publier une série d'ouvrages historiques sur le département de l'Eure !

HISTOIRE

DES

ÉVÊQUES D'ÉVREUX.

I.

S. TAURIN.

VERS

380—410.

S. Taurin fut le premier évêque d'Evreux. C'est un
fait sur lequel tout le monde est d'accord. Mais qui l'a
envoyé dans ce pays, et dans quel temps a-t-il vécu ? A
ces deux questions, l'on ne saurait faire une réponse aussi
certaine. Suivant Bosquet, « les Actes de S. Taurin, écrits

par Adéodat, sont un recueil si confus qu'à peine y voit-
on quelque lueur de vérité. » (1).

Si l'on en croit ces Actes, S. Taurin naquit sous Domi-
tien, fut baptisé par le souverain pontife Clément, partit
pour les Gaules avec le bienheureux Denys et fut par lui
donné pour évêque au pays d'Evreux.

On rapporte aussi qu'une députation fut adressée à
Sixte, évêque de Rome, par Taurin, qui bientôt alla lui-
même à Rome; qu'il revint dans les Gaules après avoir
reçu la bénédiction de Sixte, et que peu de temps après
la mort de ce dernier des barbares envahirent les Gaules.

Dans son Histoire de l'Eglise de France, Bosquet pèse
ces diverses indications; et, en passant en revue les inva-
sions et les ravages que les races barbares ont faits dans
les Gaules, il pense que l'on doit rapporter l'existence de
S. Taurin au temps de l'invasion des Allemands, sous le
règne de Gallien. « Car, dit-il, sous le règne de l'empereur
Gallien, l'évêque de Rome était Sixte II, qui souffrit le
martyre en l'an 260 de J.-C. Il faut donc que ce soit

(1) La Bibliothèque Royale possède cinq exemplaires ma-
nuscrits de la légende de S. Taurin, dont le plus ancien est
du X⁰ siècle. M. A. Le Prevost a donné, dans sa Notice sur la
Chasse de ce saint, une traduction de cette légende qu'il
regarde comme l'œuvre d'un moine imposteur.

sous les règnes de Valérien et Gallien que Taurin, déjà
fort avancé en âge, ait reçu sa mission en même temps
que plusieurs autres évêques dont parle Grégoire de
Tours, savoir : Saturnin, Paul, Gatien et Strémoine. »

Telles sont les expressions de Bosquet, dont les frères
de Sainte-Marthe ont annoté l'ouvrage et que Tillemont
paraît avoir suivi.

Un écrivain postérieur, qui a fait une histoire d'E-
vreux(1), tenant moins à donner à l'église de cette province une antiquité si reculée, prétend que c'est l'église
métropolitaine qui a dû recevoir la première le flambeau
de la foi et non pas celles qui se trouvent sous la dépen-
dance de cette église. Il partage l'opinion de l'écrivain de
Bayeux, suivant lequel les peuples de la Basse-Neustrie
restèrent encore plongés dans les ténèbres du paganisme pendant tout le IIIe siècle. Comme lui, il réduit à
un petit nombre d'années seulement l'espace de 200 ans
qui se serait écoulé entre S. Taurin et S. Goud. Enfin, il
s'accorde avec beaucoup d'autres écrivains à placer la
mort de S. Taurin à l'époque de l'occupation de la Gaule
par les Vandales, au commencement du Ve siècle.

(1) Le Brasseur, *Histoire civile et ecclésiastique du Comté
d'Evreux*; Paris, 1722, in-4o, pag. 26 et suiv.

Le saint évêque d'Evreux mourut le 3 des ides d'août
(11 août); et, suivant la coutume romaine, on l'enterra
hors de la ville. Son corps ne fut levé de terre qu'à la fin
du VIᵉ siècle. Sur son tombeau fut bâtie de suite une
chapelle qui plus tard devint une abbaye.

Plusieurs endroits prétendaient posséder des reliques
de S. Taurin; ce sont, entre autres, les églises de Saint-
Taurin à Evreux, de Chartres, de Fécamp, de Gigny
(Jura). (On peut consulter à ce sujet les Bollandistes, t. II,
août, p. 635.)

En 1762, Louis de Marnesia, évêque d'Evreux, reçut
de Gigny une partie des reliques de S. Taurin, et il en
enrichit la cathédrale, qui toutefois en possédait déjà
quelques parcelles (1).

---

(1) L'église de Saint-Taurin possède encore la magnifique
châsse donnée par l'abbé Gilbert, en 1255, pour y renfermer
les reliques de notre premier évêque d'Evreux. M. A.
Le Prevost a donné une excellente notice sur ce beau mor-
ceau d'orfèvrerie du XIIIᵉ siècle. Cette notice, devenue rare,
a été réimprimée dans le t. IX (juillet 1838) du Bulletin de la
Société libre de l'Eure.

II.

S. GAUD.

461—491.

Pendant les courses des barbares dans ce pays, la ville des Aulerces-Eburovices avait été détruite; il y eut vacance dans le siége épiscopal après la mort de S. Taurin. Germain, évêque de Rouen, ordonna enfin évêque d'Evreux Gaud ou Waldus. On dit qu'après avoir administré cette église pendant 40 ans, S. Gaud se démit de la dignité épiscopale et se retira dans un lieu désert de la Basse-Neustrie (Normandie), ne soupirant qu'après le moment qui dégagerait son âme des liens du corps et la réunirait au Christ. Ses vœux furent comblés vers 491.

On retrouva le corps de S. Gaud, en 1131, dans le village de Saint-Pair, au diocèse de Coutances, non loin de Grandville, sur le bord de la mer, à l'endroit où était,

dit-on, autrefois le monastère de Sescy (*Sesciacum*) (1).
L'élévation en fut opérée, en 1681, par Eustache de
Lesseville, évêque de Coutances, qui accorda un os du
bras (2) à l'église d'Evreux. L'église de Normanville près
Evreux a reçu, ainsi que plusieurs autres églises, quelques
parcelles des mêmes reliques. Le nom de S. Gaud est
consigné dans divers martyrologes au 31 janvier (3).

(1) « Son tombeau se voyait encore dans l'église de Saint-
Pair, en 1740 : il était placé dans le chœur, auprès de la mu-
raille, du côté de l'Evangile, vis-à-vis du mausolée renfermant
les corps de S. Pair et de S. Scubilion. Le tombeau de S. Gaud
était en forme d'auge de pierre, composée d'une espèce de ci-
ment semblable à celui qui nous reste des Romains. » (Extrait
d'une lettre manusc. de M. Rouault, curé de Saint-Pair, au
dioc. de Coutances.)

(2) Un auteur dit que c'était le tibia de la jambe droite.

(3) Il a été publié un abrégé de la vie de S. Gaud, par M. E.
Rouault, curé de Saint-Pair-sur-Mer. Paris, 1734, 1 vol. in-12.

MAURUSION.

491—512.

Maurusion succéda, dans le siége d'Evreux, à S. Gaud qui le désigna pour son successeur vers l'an 480. Il souscrivit en 511 au premier concile d'Orléans. On croit qu'il est mort l'année suivante.

Plusieurs auteurs l'ont appelé Maurusius; mais il signait en 511 : « *Maurusio episcopus ecclesiæ Ebroicinæ.* »

IV.

LICINIUS.

Licinius, que plusieurs appellent Lucinius et sur lequel il y a même des opinions diverses, a souscrit au troisième concile d'Orléans en 538 et au cinquième en 549 :

« *Licinius in Christi nomine episcopus Ebroicensis ecclesiae, juxtà quod placuit Sanctis omnibus coepiscopis meis qui mecum subscripserunt subscripsi.* »

Mais des deux évêques qui suivent Licinius dans les tables de l'Eglise, l'un, nommé Valérius, n'a pas souscrit au cinquième concile d'Orléans, comme le veulent ces tables; l'autre, qu'elles nomment Laban, était évêque d'Eauze (*Elusa*).

V.

FERROCINCTUS.

VERS

551—570.

Ferrocinctus, dont le nom signifie ceint ou bardé de fer, a souscrit au concile tenu à Paris en 557. Quoiqu'il ait dissimulé le nom de son siège, on est fondé à croire qu'il était évêque d'Evreux (1).

(1) Voir Car. Cointius à l'an 557, n° 37.

— Ce qui doit confirmer dans cette opinion, c'est que sa signature, comme le fait remarquer Le Brasseur, vient à la suite de celle de Prétextat, évêque de Rouen, de S. Pair, évêque d'Avranches, et de Lausbé, évêque de Bayeux, tous pasteurs de la même province.

VI.

VIATOR.

VERS

571—605.

Les Actes de S. Landulf nous apprennent qu'à ce saint
est due l'invention du corps de S. Taurin, et que c'est
Viator, alors évêque d'Evreux, qui célébra l'élévation de
ces reliques (1).

(1) Dans un exemplaire de l'Histoire civile et ecclésiastique
du Comté d'Evreux, annoté par M. Chemin, curé de Tourneville, il est dit que Viator mourut subitement au moment où il
se disposait à lever le corps de S. Taurin, et que ce fut S. Laud,
son successeur, qui leva ce précieux corps.

VII.

S. LANDULPH ou S. LAUD.

VERS

606—618.

Landulf, clerc d'Evreux, habita, pour se livrer à la con-
templation, une caverne située à un mille de la ville.
Dans la suite on a bâti près de cet endroit une église en
son honneur. C'est lui qui découvrit, au commencement
du VII⁺ siècle, le tombeau de S. Taurin qu'il recouvrit d'une
chapelle. Après la mort de S. Viator, il fut fait évêque
d'Evreux. On célèbre sa fête le 13 août.

Suivant une ancienne tradition locale, S. Landulf ou
Laud, qu'on appelle aussi Laou, était fils d'un citoyen
d'Evreux. Sa demeure ordinaire était une caverne taillée
dans le roc et qu'on voit encore aujourd'hui à Bérenge-
ville-la-Rivière, village à 8 kilomètres (2 lieues) d'Evreux.
Non loin de la caverne, il y a au bord de la rivière un

endroit que les habitants de la campagne appellent le
Port-Saint-Landulf. C'est-là, dit-on, que le solitaire s'em-
barquait pour venir à Évreux, où il ne pouvait guère ar-
river qu'en bateau, tant les chemins étaient mauvais.

VIII.

DÉODAT.

VERS

619—640.

Dans un diplôme de Clotaire II, confirmant l'élection de Romain au siége de Rouen, Déodat est cité au nombre des suffragants de cette métropole. Il est nommé aussi en qualité d'évêque d'Evreux dans l'Index de Thou. Or, Clotaire II a régné seul de 613 à 628.

RAGNERICUS.

VERS

641—650.

Au concile de Châlons-sur-Saône (*Cabilonum*), tenu en 648, assista S. Ouen avec les quatre autres évêques de la Normandie ; l'un d'eux était et signait Ragnéricus, évêque d'Evreux. Il mourut peu de temps après la tenue de ce concile.

X.

CONCESSUS.

651—667.

En 648, Emmon, évêque de Sens, accorda des priviléges aux couvents de S. Pierre-le-Vif et de Sainte-Colombe.
Parmi les signatures des témoins, on lit celle-ci : « *In
Christi nomine Concessus episcopus Ebroïni con-
sentiens subscripsi.* » On trouve encore la même signature dans un privilège accordé, en 666, par S. Drauslus,
évêque de Soissons, au couvent des religieuses de Sainte-
Marie.

L'évêque d'Evreux était donc, à cette date, Concessus.
Il n'existe sur son épiscopat aucun autre renseignement.

S. ÉTERN.

VERS

668—670.

Surius nous apprend, dans les Actes de S. Aquilin, que ce prélat a eu pour prédécesseur dans le siége épiscopal d'Evreux Etern ou Ethérius.

On célèbre la fête du martyre de S. Etern, dans le diocèse d'Evreux, le 16 juillet. C'est le 1er septembre qu'on fait la même fête à Luzarches (Seine-et-Oise). Le 13 août, on célèbre aussi dans ce dernier endroit la Translation de S. Etern, parce qu'on y conserve les reliques du Saint, lesquelles peut-être y ont été transportées lors des courses des Normands.

S. AQUILIN.

671—694.

Aquilin naquit à Bayeux de parents nobles; il se maria et eut des enfants. Sous le règne de Clotaire II, il suivait la carrière des armes et il combattit vaillamment des ennemis étrangers qui ravageaient les frontières du royaume. De retour dans ses foyers, il fit avec son épouse le vœu de vivre désormais dans la chasteté. Après la mort d'Ethérius ou Etern, le clergé et le peuple d'Evreux l'élurent évêque de leur église. Aquilin se fit remarquer dans son épiscopat par une haute sainteté.

Il assista au concile de Rouen, tenu en 689 par Ansbert. Ce qu'il y a de particulier en lui, c'est qu'il obtint de Dieu, comme une faveur, de perdre la vue; car bien souvent il priait Dieu de voiler les fenêtres de son corps, ou du moins de les bien garder lui-même, pour qu'elles ne fissent point pénétrer dans son cœur les atteintes perni-

2

cieuses de la concupiscence. Il mourut après avoir administré le diocèse pendant près de 25 ans.

S. Aquilin fut enterré dans une chapelle qu'il avait lui-
même fait construire dans un faubourg d'Evreux (1);
mais il ne reste plus aucune trace ni de la chapelle, ni de
son tombeau.

Il y avait à Evreux une église paroissiale du nom de
Saint-Aquilin, dans laquelle on célébrait la fête solennelle
du Saint le 19 octobre. Le Martyrologe de S. Jérôme fait
mention de S. Aquilin au 15 des calendes de novembre
(18 octobre).

La Vie de S. Aquilin a été écrite par un moine nommé
Hécélon, qui l'a dédiée à S. Ouen. Surius a transcrit cette
vie dans son 5e volume. Mais comme on y lit qu'Aquilin a
fait la guerre sous le règne de Clovis Ier contre les Visi-
goths ariens, cela a fait croire qu'il fallait reconnaître
deux Aquilins différents. Le premier est sans doute
supposé, puisque l'Armorique (2) ne fut point soumise à
Clovis et ne dut point lui fournir de troupes.

(1) A l'endroit même où fut ensuite bâtie l'église paroissiale
qui porte son nom, et qui est devenue, en 1839, la chapelle
du petit du séminaire.

(2) Aujourd'hui Bretagne et Normandie.

XIII.

DIDIER.

695—740.

On lit le passage suivant dans la Vie de S. Leufroy, chap. 11 :

« Dans le même temps, Didier était pontife de l'église d'Evreux, d'où cet endroit (l'abbaye de la Croix) n'est éloigné que de deux lieues. Didier, ayant entendu parler de l'homme de Dieu et dire que plusieurs, illuminés par lui de la lumière de vérité, suivaient la vie apostolique, fut jaloux que le saint homme eût osé faire de telles choses dans son diocèse sans le consulter. (Leufroy avait bâti un couvent et un hospice). C'est pourquoi il prit un jour avec lui ses officiaux et se dirigea vers la retraite de l'homme de Dieu. Après lui avoir adressé de vifs reproches, Didier

résolut de l'emmener à la ville pour lui infliger un châti-
ment plus sévère. Mais dans la route il tomba lui-même
de cheval et se fit une blessure grave. Alors, comprenant
que cela lui arrivait en punition de la colère à laquelle il
s'était laissé aller contre l'homme de Dieu, il l'engagea à
retourner à son monastère et le traita depuis avec beaucoup de considération. »

Or, cela s'est passé du temps où S. Ansbert était évêque
de Rouen. S. Ansbert est mort vers 695. Cette date fixe
l'épiscopat de Didier.

XIV.

ÉTIENNE.

741—755.

A Didier succéda Etienne dont on voyait le portrait dans la grande salle de l'évêché d'Evreux. Il est fait mention de lui dans une charte de Saint-Ouen de Rouen et dans un titre manuscrit des archives de l'église d'Evreux. On prétend que, par une transaction, Etienne abandonna au chapitre d'Evreux la juridiction sur les membres dudit chapitre, avec pouvoir de les suspendre dans certains cas.

XV.

MAURIN.

787—778.

Maurin assista au concile d'Attigny, qui se tint en 765, sous le pontificat de Paul Ier, Pépin-le-Bref régnant en France. L'Église était à cette époque fort agitée par la grande querelle des Iconoclastes et par des discussions sur la Trinité.

GERVOLD.

776—787.

Gervold ou Geroald naquit de parents nobles; son père se nommait Walgaire ou Walchaire et sa mère, Walda. Entré dans la cléricature, on le conduisit à la cour et la reine Bertrade, mère de Charlemagne, le fit son chapelain. Le siége d'Evreux étant venu à vaquer, il le reçut de Charles par la faveur de la reine-mère. Il paraît qu'ensuite, poussé par l'amour de la retraite, il quitta le siége épiscopal pour se faire moine dans le couvent de Fontenelle (S. Wandrille). Après la mort de Guidon ou Guy-le-Laïc, abbé de Fontenelle, Gervold obtint ce couvent du roi Charles, trois ans après la mort de la reine Bertrade, c'est-à-dire au commencement de l'année 788, comme on le voit dans la Chronique de Fontenelle, chap. 15. On célébrait sa fête dans l'abbaye de Saint-Wandrille, le 1er juillet.

Pas n'est donc besoin d'une longue argumentation pour établir une différence positive entre Gervold et Gerbod, que plusieurs ont fait évêque d'Evreux et qu'on a confondu avec notre évêque-abbé. Gerbod a été déposé six ans après l'époque que nous venons de consigner, en 694, dans le Concile de Francfort, dont le dixième canon est rédigé en ces termes : « Il a été défini par le seigneur-roi, et il est reconnu être par le saint synode, que Gerbod, soi-disant évêque et qui n'a pas eu de témoins de son ordination, qui cependant a reçu les insignes épiscopaux de Magenard, évêque métropolitain, n'a pas été ordonné d'une manière canonique et qu'il doit être, par le susdit métropolitain ou ses co-évêques de la même province, déposé de la dignité épiscopale dont il se prétend revêtu. »

Il est à remarquer que l'arrêt du concile ne dit pas du tout que Gerbod fût évêque d'Evreux, et l'on n'a aucune autorité pour le dire. Encore l'eût-il été, qu'il aurait que succédé à Gervold et qu'on ne pourrait le confondre avec ce dernier.

XVII.

OUÏN.

788 — 800.

Les catalogues donnent le nom de Oïn (*Oïnus*) après celui de Gervold. Un peu plus loin ils écrivent le nom de Ouen (*Audoenus*); et cela jette dans l'esprit quelque doute. Il y a tant d'erreurs de cette espèce dans les anciens catalogues !

XVIII.

JOSEPH.

vers

801—844.

Joseph, évêque d'Evreux, fut abbé de Fontenelle depuis le 6 des calendes de septembre 833 (27 mars), jusqu'au 4 des ides de mars 834 (12 mars) (1). Joseph a dû être du parti de Lothaire contre Louis-le-Débonnaire; car il souscrivit en 840 à l'édit de Lothaire, rétablissant Ebon, archevêque de Reims. Il paraît que vers cette époque il recouvra l'abbaye de Fontenelle puisqu'on lit dans le chroniqueur de Fontenelle cité par Du Chesne (t. 2, p. 387), « qu'en 842 cette maison était sous la direction de l'archevêque Joseph. » Peut-être le titre d'archevêque lui est-il donné là, parce qu'il occupait le premier rang parmi ses co-suffragants.

(1) L'année commençait à Pâques.

GUNTBERT.

845—863.

Guntbert, évêque d'Evreux, assista en cette qualité aux conciles qui se tinrent à Paris en 847 et 849, à celui de Piste auquel il signait en 861 : « *Guntbertus Ebrocensis Episcopus,* » et enfin au troisième concile de Soissons en 862. Ces dates établissent à peu près la durée de son épiscopat. C'est Guntbert qui fit, le 22 juin 851, l'élévation du corps de S. Leufroy, qu'on avait caché profondément dans le sein de la terre par crainte des Normands à l'époque de leurs courses. Il renferma ces reliques dans une châsse et les transporta au couvent de Sainte-Croix (La Croix-Saint-Leufroy).

.⁎. On voyait dans la salle de l'évêché d'Evreux le portrait de Wénilon, sous le nom de Guanilon, que Scipion Dupleix a donné à tort à ce personnage. Ce portrait ne peut être que celui de Wénilon, archevêque de Rouen dans le temps de Guntbert, et, si Wénilon a occupé le siége d'Evreux, il n'a dû administrer cette église que fort peu de temps.

XX.

HILDUIN.

864—869.

Hilduin est le même que Bilduin ; sur la seule différence des initiales, on a voulu sans raison faire deux
personnages distincts.

On trouve le nom de Hilduin, évêque d'Évreux, parmi
ceux des prélats qui ont souscrit ou signé aux conciles de
Pître, Soissons, Troyes, Verberie, de 864 à 869.

XXI.

SÉBAR.

870--900.

On lit la signature suivante, apposée à la profession de Hincmar, évêque de Léon, présentée en 870 au roi Charles-le-Chauve et à Hincmar archevêque de Reims, à Attigny :

« *De provinciâ Rotomagensi Sebardus Ebroïcensis episcopus.* »

En 872, Sébar ou Sébard visita avec l'archevêque Ricoulf les reliques de S. Nicaise, premier évêque de Rouen, dans le lieu même qui fut témoin de son martyre, c'est-à-dire au Gué-Nicaise (*Vadum Nigasii*), aujourd'hui Gasny.

Sébar résista à la fureur du normand Rollon. En revenant du siége de Paris, Rollon lança ses nombreuses bandes sur le territoire d'Evreux, avec ordre de lui amener l'évêque de ce pays. Sébar échappa comme par miracle. Le fait se passait en 892.

CERDEGAIRE.

VERS

901—920.

Un portrait de Cerdegaire, évêque d'Evreux, placé dans la salle de l'évêché, témoignait bien qu'il y a eu sur le siége d'Evreux un évêque de ce nom; mais à quelle époque y est-il arrivé? c'est ce qu'on ne saurait dire. On a découvert dans un manuscrit à demi-brûlé de cette église, que le siége d'Evreux était occupé par Cerdegaire, à l'époque où les Normands se sont établis dans ce pays (1).

Les habitants de Souppes, village du Gâtinais (Seine-et-Marne), se glorifient de posséder les reliques de

(1) Le Brasseur dit qu'il assista, en 909, avec Vitton, archevêque de Rouen, et d'autres évêques, au concile convoqué à Soissons en un lieu nommé Troslay, par les soins de Hervé, archevêque de Reims.

S. Léger (1) (*Léodegaire*) martyr, évêque d'Evreux, reliques précieuses qu'a fait venir d'Angleterre une reine Blanche qui était malade de la lèpre. Serait-ce par hasard des reliques de Cerdegaire que les Normands auraient mis à mort ?

(1) Evreux a possédé une église paroissiale sous l'invocation de ce saint, dont le nom primitif a pu être Leodegaire, et par corruption Leudgaire, Leutgerre, et enfin Leugère, Légère, comme le prononcent encore aujourd'hui une grande partie des habitants d'Evreux. Peut-on en induire que Cerdegarius, Cerdegaire, soit le même que Leodegarius, Leodegaire, ou S. Léger, le martyr ébroïcien ?

XXIII.

HUGUE I.

VERS

921—940.

Le portrait de Hugue, placé dans la salle de l'evêché, prouve aussi qu'il a été évêque d'Evreux. On prétend qu'il assista avec les autres évêques de la Normandie au baptême du duc Richard 1er, dans le château de Fécamp (928).

Le manuscrit à demi-brûlé, dont nous avons parlé plus haut, fait aussi mention de Hugue. Toutefois, est-il bien certain qu'il ne soit pas le même que Hugue II ?

XXIV.

GUICHARD.

941—969.

Guichard ou Guiscard, suivant d'autres Gunhard, souscrivit à une charte concernant la restauration du monastère de Saint-Pierre-en-Vallée (1), dans le pays Chartrain, et faite par l'évêque Ragenfred ou Rainfroy, en 954. Il vivait encore en 969 (2).

(1) Saint-Pair-en-Vallée, qui avait été ruinée par les ravages des Normands.

(2) Ce fut sous le pontificat de Guiscard que furent découverts les corps des martyrs S. Maur ou S. Maxime et S. Vénéraud. Ces saints avaient répandu leur sang pour la foi, au village d'Acquigny, vers le VI⁰ siècle, suivant Le Brasseur, et vers 369, suivant un manuscrit de M. Chemin, curé de Tourneville.

3

XXV.

GÉRARD.

970—1010.

Gérard ou Gérald, évêque d'Evreux, assista en cette
qualité à la translation des reliques de S. Ouen, en 988, à
la dédicace de la basilique de Fécamp, en 990, et souscrivit en 1006 à une charte donnée par le duc Richard II
au monastère de Fécamp.

GILBERT I.

1011—1014.

Gislebert I ou Gilbert, évêque d'Evreux, signa en 1012, avec Robert, archevêque de Rouen, une charte concernant le prieuré de Longueville, près Vernon.

Suivant le nécrologe d'Evreux, il est mort en 1024. Toutefois, les documents que l'on trouve sur Hugue II, son successeur, nous portent à croire qu'il faudrait lire 1014.

HUGUE II.

1015—1046.

On trouve le nom de Hugue II, évêque d'Evreux, dans un grand nombre d'actes qu'il signa comme témoin. En 1015, il signait à l'acte d'une donation faite par Richard, duc de Normandie, à l'église collégiale de Saint-Quentin en Vermandois (Aisne). En 1038, il signait encore à une charte de l'archevêque Robert, fils de Richard, en faveur des moines de Jumièges. En 1025, il avait souscrit aussi à la confirmation d'une charte pour la fondation de l'abbaye de Bernay.

Hugue II assista avec Robert, évêque de Coutances, au concile tenu à Rouen par Maulger. Il mourut en 1046.

On célébrait, dans le diocèse d'Evreux, l'anniversaire de sa mort le 20 avril.

XXVIII.

GUILLAUME I.

1046—1066.

Willelm ou Guillaume Ier était fils de Gérard - Flertell. Vers l'an 1046, il souscrivit à la fondation de l'abbaye de Lyre, dont il dédia l'église. On trouve encore son nom dans plusieurs autres actes et dans les décrets de plusieurs conciles auxquels il a assisté. Il mourut le 3 des ides de février 1066 (11 fév.). Orderic Vital (p. 478 et 493) fait l'éloge de Guillaume Ier comme d'un prélat rempli de zèle pour le culte divin et de beaucoup d'autres qualités éminentes.

,*, Dans deux actes faits par Gérold, homme d'armes en faveur des religieuses de Saint-Amand-de-Rouen, on lit la signature d'un Michel, évêque d'Evreux, signant avec l'archevêque Maurilius. Quel est ce Michel? Dans l'un de ces actes, il est dit Evêque d'Avranches; mais il ne pouvait être évêque de ce diocèse du vivant de Mauri-

lius, puisque celui-ci a eu pour successeur Jean, évêque
d'Avranches, et que Michel a succédé à Jean. Il est possible qu'immédiatement après Guillaume II y ait eu sur le
siége d'Evreux un autre Michel; mais celui-ci n'a laissé
aucune trace de son épiscopat (1).

(1) Par les soins et sous l'épircopat de Guillaume Ier, furent
fondées en 1050 l'abbaye de Conches et Notre-Dame-de-Lyre;
en 1060, l'église Saint-Sauveur d'Evreux, dans la Cité (paroisse
de Saint-Nicolas).

BAUDOUIN.

1066—1070.

« A Guillaume mort évêque d'Evreux succéda, dit
Orderic Vital (p. 520), Baudouin, chapelain du duc de
Normandie. » Baudouin assista, en qualité d'évêque d'E-
vreux, à la dédicace du couvent des Vierges de Caen,
en 1066, et à celle de l'église de Jumièges, le 1er juin
1067, suivant le témoignage de Guillaume de Jumièges.
En 1069, il ordonna des moines de Fécamp sans avoir
consulté l'archevêque de Rouen.

Ces diverses dates donnent un démenti formel à Orderic
Vital, qui s'est trompé en cette occasion comme en plusieurs autres. Ce n'est donc pas en 1070, comme on le
croit, que Baudouin succéda à Guillaume, et il n'a pas
administré le diocèse pendant 7 ans, quoiqu'en dise
Orderic Vital. Il paraît que Baudouin mourut en 1070,
et, suivant le nécrologe de S. Leufroy, ce fut le 10 des
calendes de janvier (23 déc.) (1).

(1) Il souscrivit au rétablissement du prieuré de Montaure,
près de Louviers.

GILBERT II.

1071—1112.

Gislebert ou Gilbert II, surnommé La Grue, à cause de
sa taille élancée, était fils d'Osbern, grand sénéchal de
Normandie. En 1066, il était chanoine et archidiacre de
Lisieux. Guillaume, duc de Normandie, l'envoya cette
année-là en ambassade auprès du pape Alexandre II, qui
le reçut avec une extrème bienveillance et le combla de
présents à son départ de Rome. D'archidiacre de Lisieux,
Gilbert devint évêque d'Evreux, et il signait à un acte de
donation avec cette qualité dès l'an 1071. En 1074, il
assista au concile de Rouen. En 1076, il prépara la dédicace de l'église d'Evreux, laquelle dédicace fut faite par
l'archevêque Jean. Au mois d'octobre de la même année,
il assista à la dédicace de l'église du Bec, faite par Lanf-
franc. C'est Gilbert II qui, en 1078, donna la sépulture à
Herluin, abbé du Bec, et qui bénit Anselm, abbé de cette

maison, l'année suivante, 8 des calendes de mars (22 fév.). En 1087, à Caen, lors des funérailles de Guillaume-le-Conquérant, Gilbert prononça l'éloge funèbre de ce prince devant d'autres évêques. En 1095, il était au concile de Clermont, puis au concile provincial de Rouen.

Gilbert II partit pour la Croisade avec le duc Robert de Normandie et au mois de février 1098 il donna la sépulture, en Sicile, à Eude, évêque de Bayeux.

Gilbert mourut après 42 ans d'épiscopat. « En l'an 1112 de l'incarnation, dit Orderic Vital, Gilbert, évêque d'Evreux, mourut après 34 ans d'épiscopat, dans une belle vieillesse, le 4 des calendes de septembre (29 août). Il fut enterré dans la basilique de Ste-Marie, mère de Dieu (1), qu'il avait lui-même fait bâtir, dédiée et enrichie de propriétés et d'ornements, et à laquelle il avait attaché un nombreux clergé destiné à y remplir jour et nuit les pratiques de l'église. »

Le nécrologe de S. Evroult parle de Gislebert ou Gilbert au 7 des calendes de septembre (26 août).

(1) Dans la cathédrale d'Evreux.

AUDIN.

1113—1139.

Audin, qu'on appelle aussi Ouen ou Audoënus, Aldoëus, Oynus, et même quelquefois Odon ou Eude, était originaire de Bayeux, frère de Turstin, archevêque d'York, et lui-même chapelain de Henri Ier, roi d'Angleterre. En 1113, il succéda à Gilbert II. « C'était, dit Orderic Vital, un homme fort instruit et bien capable de montrer exactement la voie de Dieu aux troupeaux qui lui seroient confiés. » (1).

En 1118, Amaury de Montfort, fils de Simon et d'Agnès, sœur de Guillaume, comte d'Evreux, ayant demandé l'investiture du comté d'Evreux, Henri, roi d'Angleterre et duc de Normandie, lui refusa cette investiture par le conseil de l'évêque Audin. Amaury s'empara de la ville; ses troupes pillèrent les maisons, les églises, le palais épis-

(1) Voir dans le *Gallia Christiana*, t. II, p. 573, deux fragments de lettres adressées par Yves, évêque de Chartres, à Audin, élu évêque d'Evreux.

copal); l'évêque s'enfuit avec tout son clergé et il se passa une année sans qu'on célébrât à Evreux l'office divin.

Le roi d'Angleterre vint ensuite mettre le siége devant la ville, et, ne pouvant s'en rendre maître, il résolut de l'incendier, du consentement et sur l'avis même d'Audin. Mais les Anglais s'étaient engagés solennellement à rebâtir ensuite, avec plus de magnificence, la cathédrale et l'évêché. Le roi et ses grands officiers tinrent parole et Guillaume de Jumièges atteste qu'il n'y avait guère, dans toute la Normandie, de monument aussi beau que la nouvelle cathédrale d'Evreux.

Quand la paix fut rétablie, Audin revint à Evreux et consacra l'église de Saint-Sauveur rebâtie depuis l'embrasement de la ville. De même, en 1135, il fit la dédicace de l'église du Désert, dans la forêt de Breteuil.

En 1139, dans la semaine de Pâques, Audin s'embarqua pour l'Angleterre, où l'appelait le roi de ce pays, qui désirait employer l'influence de l'évêque à s'attacher le comté d'Evreux; il y tomba malade et mourut au mois de juillet dans un couvent de chanoines, où il fut inhumé avec beaucoup de pompe. Audin fut évêque d'Evreux pendant 25 ans accomplis.

XXXII.

ROTRODUS (ROTROU)

(DE WARWICK).

1139—1165.

Rotrodus ou Rotrocus (Rotrou) était fils de Henri de Beaumont, comte de Warwick, et de Marguerite, fille de Geoffroy de Mortagne. Il puisa les premières notions de la religion et des connaissances humaines dans le couvent de la Charité-sur-Loire et reçut les leçons de Gilbert de la Porée. D'archidiacre de Rouen, il devint évêque d'E-vreux à la place d'Audin, et fut sacré par Hugues, arche-vêque de Rouen. Robert-du-Mont disait de lui, en 1139, que c'était un homme religieux, de bonnes mœurs et cher à tout le monde.

En 1147, en l'absence d'Arnould, évêque de Lisieux, parti pour la Croisade, Rotrodus administra le diocèse de Lisieux en même temps que le sien propre. En 1148, il se rendit au concile de Paris, où l'on devait discuter les propositions de Gilbert de la Porée, son maître, qui l'avait cité comme témoin de ses leçons. Quatre ans après, comme il allait à Rome avec l'évêque d'Avranches, il fut pris par des brigands qui ne le relâchèrent qu'à la sollicitation du bienheureux Guillaume d'Evreux, prieur de Sainte-Barbe-en-Auge, avec lequel il se trouva ensuite à Rome, à la fête de Ste Barbe. En 1155, Rotrodus alla de nouveau à Rome; c'était en qualité d'ambassadeur des rois de France et d'Angleterre auprès du souverain-pontife.

Hugue, archevêque de Rouen, étant mort en 1164, Rotrodus fut élevé à sa place au siége archiépiscopal en 1165.

Pendant qu'il était évêque d'Evreux, Rotrodus a attaché son nom à la fondation ou confirmation de plusieurs églises du diocèse. Dès l'année de son avènement, il fit la dédicace de l'église de Grestain. En 1143, il confirma les donations faites par ses prédécesseurs aux moines du Bec et reçut deux prébendes fondées dans sa cathédrale par le nouveau

comte d'Evreux, Simon de Montfort. C'est lui-même qui,
l'année suivante, fit la dédicace de l'église Sainte-Marie-
de-la-Noë, fondée par Mathilde, fille de Henri Ier, roi
d'Angleterre, et dont il signa l'acte de confirmation daté de
1160. En 1162, la dédicace de l'église des Monts-du-Bourg
fut faite encore par Rotrodus. L'abbaye de l'Estrée a été
fondée en 1144 par Raherius Domton, seigneur de Meuzy,
avec approbation de Rotrodus, évêque d'Evreux. Les abbayes de la Noë et de l'Estrée suivaient toutes deux la
règle de Cîteaux.

*** Un écrivain d'Evreux a intercalé, entre Rotrodus
et Egidius son successeur, deux évêques dont les noms
ne se trouvent pas dans le catalogue dressé sous Egidius
même. Le premier est Richard qui souscrivit, dit cet
auteur, à un diplôme donné en 1162 par Henri II, roi
d'Angleterre, en faveur de Saint-Jean-de-Falaise. Or, en
1162, Rotrodus occupait encore le siège d'Evreux et ce
n'est qu'en 1165 qu'il fut élevé à celui de Rouen. Le second est Walter ou Gautier, au sujet duquel l'auteur ne
s'appuie que sur une seule charte de Henri II en faveur
des Lépreux du Mont, à Rouen, à laquelle il n'assigne
point de date et qu'un écrivain de Rouen rapporte à l'an
1175, et l'éditeur des Conciles de Normandie, à l'an 1166.
Mais où est cette charte? Pourquoi ce désaccord entre les

historiens? Et pourquoi Walter n'est-il pas nommé dans les catalogues de ce temps-là même? Au contraire, dans une charte de Saint-Pierre-de-Chartres, datée de l'an 1227, on lit le nom de Rotrodus, évêque d'Evreux, et, aussitôt après, celui de Gilles ou Egidius, de même évêque d'Evreux (ainsi abrégé : Eg.).

Cependant il reste une lacune entre la promotion de Rotrodus à l'archevêché de Rouen (1165) et l'avènement d'Egidius à l'évêché d'Evreux (1170). Cela s'explique : c'était une époque de troubles en Normandie, comme en Angleterre; alors étaient en lutte Louis VII, roi de France, Henri II, roi d'Angleterre et duc de Normandie et S. Thomas, archevêque de Cantorbéry. Il est probable que Rotrodus n'aura point pris immédiatement possession de sa nouvelle église de Rouen et que, même après sa prise de possession, il aura encore administré quelque temps ou fait administrer par un délégué le diocèse d'Evreux.

XXXIII.

EGIDIUS ou GILLES I

(DU PERCHE) .

1170—1179.

Egidius ou Gilon (Gilles), issu de la noble famille des comtes du Perche, parent de Rotrodus et archidiacre de Rouen, fut fait évèque d'Evreux en 1170. L'année suivante il alla à Rome avec Rotrodus, devenu archevèque de Rouen, comme ambassadeur de Henri II, auprès duquel il était en grand crédit, pour y traiter des affaires de l'église de Cantorbéry et de la mort de S. Thomas. A son retour de Rome, il passa en Angleterre pour y assister au

couronnement de Henri, fils de Henri II; mais il se hâta
de rentrer ensuite dans son diocèse (1). Cependant , il le
quitta encore, en 1176, pour conduire en Sicile, à Palerme,
Jeanne, fille du roi d'Angleterre, et il y assista au mariage
de cette princesse avec Guillaume, roi de Sicile. Au
mois de septembre 1177, il se trouva à la signature de la
paix entre les rois de France et d'Angleterre. Egidius
est le seul des évêques de la province de Rouen qui se
soit rendu au concile de Latran de l'an 1179 (2).

Suivant le nécrologe de l'abbaye de Saint - Leufroy,
Egidius mourut d'un catharre le 5 ou le 6 des ides de septembre (8 ou 9 septembre) de la même année 1179. Ce
qu'il y a de certain, c'est qu'aux ides de janvier 1179 (15
janvier 1180) (3), le siége d'Evreux était vacant. On a
attribué à Egidius quelques lettres adressées au pape

(1) Masseville , dans son Histoire de Normandie , soutient
que le couronnement du fils de Henri II et de Marguerite de
France, fille de Louis VII, se fit à Ypres en 1170, par l'évêque
du lieu, qui était assisté des évêques de Londres, de Salisbury,
de Bayeux et de Séez seulement. Voy. t. II, p. 52.

(2) Gilles fut , en effet , le seul évêque de Normandie qui assista à ce concile , mais non pas au nom de cette province qui
ne le chargea d'aucune mission. De toute la France , il n'y eut
que six évêques qui se rendirent à ce concile. (Voy. l'hist.
Eccles., t. XV, p. 406, édit. in-12 de Holl.)

(3) L'année commençait alors à Pâques.

4

Alexandre ; mais il est permis d'en contester l'authen-
ticité.

La dédicace de l'église nouvelle du Bec fut faite pendant
l'épiscopat d'Egidius, dans le carême de l'an 1177, par lui
et plusieurs autres évêques.

JEAN I.

1181—1192.

Jean, fils de Luc, homme de qualité, faisait partie du clergé attaché à la personne du roi d'Angleterre Henri II; c'est par l'influence de ce prince qu'il arriva, en 1181, à l'évêché d'Evreux.

En 1190 Jean partit pour la Croisade, en laissant à Luc ou Lucas, chanoine et dans la suite évêque d'E-vreux, la perception et l'administration des revenus épis-copaux. Il était malade à Pise lorsqu'arriva le roi Richard d'Angleterre, qu'il rejoignit bientôt à Messine; là il jura

les articles de la paix conclue au mois d'octobre entre
Richard et Tancrède, roi de Sicile. Le 4 des ides de mai
(12 mai) de l'année suivante, il couronna reine d'Angleterre, dans l'île de Chypres, Berengère, fille du roi de
Navarre, fiancée au roi Richard-Cœur-de-Lion. Jean arriva
au mois de septembre de la même année à Joppé (aujour-
d'hui Jaffa) avec le roi Richard et il y mourut en 1192.

Avant de partir pour la Terre-Sainte, Richard Iᵉʳ lui
avait donné le château et la terre de Condé, avec marché
et foire (1).

(1) A la même époque (1190), ce prince fonda l'abbaye de
Bonport, qui fut dédiée à Notre-Dame du Bonport et où furent placés des religieux de l'ordre de Cîteaux.

XXXV.

GUARIN

(DE CIERREY).

1193—1201.

Guarin de Cierrey, successeur de Jean, naquit de parents nobles dans le pays d'Evreux; son père était Adam et il avait un frère nommé Guillaume qui, en 1191, fit une fondation « pour le salut de son âme, est-il dit dans l'acte, et pour celui de son frère, alors évêque d'Evreux. »

Pendant que le roi Richard était retenu captif en Allemagne, Guarin, évêque élu, partit pour ce pays à l'époque où se formait la commune d'Evreux.

Ces faits établissent la date de l'arrivée de Guarin à l'épiscopat; car Richard est resté captif en Allemagne depuis le 22 décembre 1192 jusqu'au 4 février 1194. C'est dans le cours de cette dernière année que le roi de France vint à Evreux, ruina cette ville, détruisit les églises et emporta les reliques des saints.

En 1197, pour n'avoir pas respecté l'interdit lancé par Gautier sur toute la province de Rouen, Guarin fut, ainsi que l'évêque de Lisieux, condamné par sentence du saint siége apostolique à venir se jeter à genoux devant l'archevêque et à déposer à ses pieds la mitre et la crosse pontificale dans l'église métropolitaine. Il le fit, reçut l'absolution et se retira.

Guarin eut ensuite une lutte fort vive à soutenir avec Simon, abbé de Conches, qu'il expulsa de son couvent en 1199 par ordre du souverain-pontife.

Guarin mourut en 1201 et fut enterré dans le chœur de l'église de La Noë, près du sanctuaire, dans un enfoncement du mur. On y voyait son portrait en pierre et cette inscription :

ECCE SUB HOC TUMULO PRAESUL GUARINUS HUMATUR,
DUX PIUS IN POPULO, VERMIBUS ESCA DATUR.

Le couvent de Saint-Sauveur ayant été détruit pendant les guerres, Guarin donna pour le reconstruire, en 1177, un terrain qui lui appartenait. L'ancien couvent devint ensuite la paroisse de Saint-Nicolas dans la Cité.

XXXVI.

ROBERT I
(DE ROYE).

1202—1203.

A Guarin succéda Robert de Roye, ainsi surnommé
d'une paroisse située dans le pays de Rouen, au doyenné
de Pont-Audemer. Dans une charte donnée l'année
suivante par Luc, il est fait mention de Guarin et
Robert, prédécesseurs de cet évêque. En 1203, sixième
année du pontificat d'Innocent III, les chanoines d'E-
vreux ayant porté au pape une accusation en douze

articles contre leur évêque, l'abbé de Perseigne (Sarthe), délégué pour cette affaire avec d'autres abbés, se prononça contre l'évêque et la lutte cessa aussitôt. Robert mourut dans la même année **1203.**

XXXVII.

LUC.

1203—1220.

Jean, 34e évêque d'Evreux, avait, en partant pour
la Palestine, laissé pour son procureur et vicaire-
général Luc ou Lucas, son parent. Après avoir été chanoine, puis archidiacre et doyen du chapitre, Luc devint
évêque d'Evreux. Il succéda à Robert en 1203; son élévation est confirmée par une bulle du siége apostolique,
à la date du 16 février de cette année. On lisait son nom,
et avec cette qualité, dans des actes du couvent de Saint-
Taurin dès l'année 1203. Il fit, en 1205, avec les évêques

Guillaume d'Avranches et Jourdan de Lizieux, la bénédiction de l'église Saint-Antoine de Gaillon et confirma
l'année suivante l'élection de l'abbé de Saint-Taurin.

C'est pendant l'épiscopat de Luc que l'on retrouva et
qu'on enferma dans une châsse précieuse les reliques de
S. Taurin, qui, à l'époque des dévastations des Normands,
avaient été enfouies profondément dans la terre envelop-
pées dans une peau de cerf.

C'est encore sous son épiscopat, en 1215, qu'il fut réglé
et ensuite confirmé par le souverain-pontife, qu'en l'absence de l'évêque, les jours de fêtes solennelles et an-
nuelles, le doyen officierait à l'autel avec les mêmes hon-
neurs que l'évêque, les mêmes cérémonies, le même nombre d'assistants, sauf un seul.

En 1219, Luc divisa en deux paroisses la ville de Louviers qui auparavant n'en formait qu'une. Il mourut le
30 janvier 1219, dit le Nécrologe; il faut lire 1220 (parce
qu'alors l'année commençait encore à Pâques).

L'abbaye de Lyre doit beaucoup à Luc qui, en 1209,
fit plusieurs dons pour concourir à la restauration de
cette abbaye. Il confirma dans la même année l'église de
Sainte-Marie de l'Estrée, ainsi que les biens du couvent d'Ivry. En 1211, il approuva la construction de la
nouvelle église de Conches, et cinq ans après il ratifia les

donations faites au couvent du même endroit. Les chanoines de Vernon, fondés en 1160 par Guillaume, prince
de Vernon, obtinrent de Luc, évêque d'Evreux, en 1217,
la juridiction temporelle sur les clercs de la ville. En
outre, il accorda aux Lépreux de Nonancourt un cimetière
pour eux et leurs domestiques et souscrivit à la charte de
confirmation du couvent du Breuil.

XXXVIII.

RAOUL I

(DE CIERREY).

1220—1223.

Radulph ou Raoul I de Cierrey, successeur de Luc en
1220, était de la même famille que Guarin. L'année de
son élévation est fixée par un acte de « Raoul, évêque
d'Evreux, confirmant les possessions de l'abbaye de Lyre. »
L'année suivante, Raoul assista à la dédicace de l'église
de la Trappe. En 1222, il ordonna qu'à l'avenir la fête de
l'Annonciation de la Ste Vierge serait célébrée solennellement dans tout le diocèse, que dans toutes les fêtes solen-

nelles sept cierges seraient allumés devant le maitre-autel et qu'on en porterait deux devant l'évêque célébrant. Il était présent, lorsque Gaufrid, abbé de Sainte-Croix, reçut de Guy, évêque de Carcassonne, avec le consentement de Gautier, abbé de Saint-Germain-des-Prés, les reliques de S. Leufroy, fondateur de sa maison.

Raoul mourut le 18 mars 1223.

RICHARD

(DE BELLEVUE).

1223—1236.

Richard, qu'on a surnommé de Bellevue ou de Saint-Léger à cause du lieu *de sa naissance* (1), *était abbé du* Bec, lorsqu'il fut élu évêque d'Evreux, le 16 des calendes d'août (17 juillet) en l'an 1223. Suivant la Chronique du Bec, il fut sacré et inauguré le 6 des calendes de septembre (27 août) par Thibaud (Theobaldus), archevêque de Rouen. Au mois de mars de l'année suivante, Richard de Belle-

(1) C'était la coutume dans les communautés d'ajouter au nom propre le nom du lieu de naissance, comme moyen de distinguer des moines homonymes.

vue, évêque d'Evreux, assistait au concile de Rouen ; puis, le jour de l'Ascension, il consacrait avec Gautier, évêque de Chartres, l'église de Broglie. C'est lui encore qui fit la dédicace de l'église de la Haie-le-Comte près de Louviers (1226) et de celle de la Noë (1227); il souscrivit à une charte concernant les dîmes et la construction d'une nouvelle église aux Essarts (1229). En 1231, il se trouva aux Assises tenues à Bernay par le roi S. Louis, avec lequel il traita l'année suivante de la collation des bénéfices de l'église de Gaillon.

Richard de Bellevue, évêque d'Evreux et abbé du Bec, mourut en 1236. Son corps fut rapporté au couvent de Saint-Taurin et l'on paya 20 sols pour le luminaire fourni par les moines de cette maison. Le fait est consigné dans un écrit de la main de ses exécuteurs testamentaires, à la date de mars 1237.

Sur cette autorité l'on doit retrancher deux évêques donnés par certains auteurs, dont le premier serait Gautier et le second Richard d'Ivry. Il y a même une circonstance remarquable, c'est qu'on place la mort de Richard d'Ivry précisément le même jour qu'arriva celle de Richard de Bellevue ou de Saint-Léger, c'est-à-dire le 4 avril, suivant le Nécrologe de l'abbaye du Bec.

RAOUL II

(DE CIERREY).

1236—1243.

Raoul II de Cierrey, chanoine et archidiacre d'Evreux, fut élu évêque de cette église par voie de scrutin, en 1236. Le siége métropolitain étant alors vacant, c'est le chapitre de Rouen qui confirma l'élection de Raoul. Le samedi (Quatre-Temps de septembre) il fut ordonné prêtre (*presbyter*) par Thomas, évêque de Bayeux, qui le sacra évêque le lendemain dans l'église de Rouen, par mandement du chapitre.

En 1237, après avoir assisté au sacre de Pierre de Colle-Medio (1) élu archevêque de Rouen, il eut une querelle avec les moines de Saint-Ouen, qui lui refusaient la redevance à laquelle ils étaient tenus, parce que cette année là il n'avait pas officié solennellement dans leur église le jour de la fête du Saint, comme lui-même y était tenu. L'archevêque pris pour arbitre obligea les moines à payer cette redevance.

Le 12 janvier 1238, Raoul II fit la dédicace de l'église de Conches rebâtie depuis la paix et à laquelle il confirma, en 1239, les dîmes des églises nouvellement construites dans la forêt de Conches. On trouve encore son nom dans des chartes de 1240, 41 et 42 concernant les abbayes de Lyre et de Fontenelle. Il mourut le 18 janvier 1243.

(1) De Colle-Medio, et non pas de Colmieu. Ce Pierre était un Italien de grande science et de grande vertu, qui réforma plusieurs couvents du nord de la France. (Voir Malbrancq : *De morinis et morinorum rebus*, etc., t. II.

XLI.

JEAN II

(DE LA COUR-D'AUBERGENVILLE).

1244—1256.

Après la mort de Raoul II, le clergé d'Évreux n'ayant
pu s'entendre sur le choix de son successeur et le délai fixé
par les canons s'étant ainsi écoulé, Pierre archevêque de
Rouen, usant du droit à lui dévolu par le souverain-pontife Innocent IV de pourvoir l'église d'Évreux, proclama
évêque de cette église, en 1244, Jean de la Cour d'Auber-

genville, doyen de l'église de Saint-Martin de Tours et chanceller de France.

Jean assista, le 24 juin 1245, au concile de Lyon, puis à la dédicace de la Sainte-Chapelle de Paris. Il fonda, vers la même époque, dans son église cathédrale, deux chapelles en l'honneur de S. Etienne et deux autres en l'honneur de S. Laurent et de S. Vincent. C'est lui qui fut délégué, avec les évêques de Lisieux et de Séez, assistés de seize abbés, pour prononcer dans une cause célèbre entre les moines de Fécamp et ceux de Lisieux. En 1252, le jour de S. Mathias, il siégeait comme conseiller dans le parlement de Paris. En 1253, il érigea en paroisse l'église des Baux. En 1255, à la prière de l'abbé Gilbert, il déposa dans des châsses d'argent les reliques de S. Taurin et de S. Laud. Dans la même année, il fut délégué par le souverain-pontife pour défendre les religieux-mendiants contre l'Université de Paris. L'année suivante, il acheta de ses propres deniers, de l'abbesse et des religieuses de Sainte-Marie-Royale près Pontoise, le fief des Baux-de-Breteuil, pour les évêques et le chapitre.

Jean II mourut le 1er juin 1256. On l'enterra dans la nef de la cathédrale, à droite et près de l'autel des SS. martyrs Etienne, Laurent et Vincent. Sur la table de

bronze qui couvrait son tombeau, on lisait cette épitaphe :

CIVIBUS EBROICIS | DUM PRÆFUIT ISTE JOHANNES,
SUB VICE PONTIFICIS | VITIORUM SORBUIT AMNES.
JUNI PRIMA DIES, | ANNI QUOQUE MILLE DUCENTI
SEX QUINI DECIES | FINEM DANT HUIC MORIENTI.
SUMME DEUS, | SI FORTE REUS | FUIT ISTE, BEATUM
TOLLE SUUM, | QUICUMQUE TUUM | FACIS ESSE BEATUM.

XLII

RAOUL III

(DE GROSPARMI).

1259—1262.

Après la mort de Jean II, les chanoines d'Evreux ayant demandé et obtenu du roi, en 1256, la faculté de se donner un évêque, élurent à la fois Raoul de Grosparmi, chanoine de Bayeux, et Raoul d'Aubusson, aussi chanoine et de la même église. De cette double élection résulta une vacance réelle de trois ans dans le siége d'Evreux. Au bout de ce temps Raoul d'Aubusson, qui ne plaisait ni au roi ni au souverain-pontife, céda ses droits d'élection à Raoul de Grosparmi, comme le constate une bulle d'Alexandre IV, donnée dans la quatrième année de son pontificat.

Raoul ou Radulph, de l'illustre famille des Grosparmi, est né aux Perriers (*Piris*), village voisin de Saint-Lô, d'où lui est venu le surnom de Des-Perriers. Trésorier de Saint-Frambaud (1) de Senlis, gardien de Saint-Fursy de Péronne, doyen de Saint-Martin de Tours, chancelier de France dans les années 1253, 1258 et 1260, et devenu évêque d'Evreux par la cession de Raoul d'Aubusson, il fut sacré dans l'église de Saint-Taurin, le 13 des calendes de novembre 1259 (19 octobre), par Eude, archevêque de Rouen, assisté des évêques de Lisieux, Coutances et Séez, en présence du roi et de deux de ses fils, de l'archevêque de Reims, de l'évêque d'Orléans, de Simon de Montfort, comte de Leicester, etc. Un mois après, dans le parlement de S. Martin d'hiver, tenu à Paris, l'abbé de Fécamp donna à Raoul satisfaction de la chapelle (2) due par l'église de Fécamp à chaque évêque nouvellement institué dans le siége d'Evreux.

En 1260, Raoul III de Grosparmi, ambassadeur du roi auprès du souverain-pontife, s'acquitta de sa mission avec tant de zèle et d'habileté et inspira au pontife tant de confiance, que le prince de l'Eglise engagea le roi à s'en

(1) S. Frambaud ou Frambours.

(2) Une chapelle, c'est-à-dire les ornements d'une chapelle.

rapporter à Raoul comme à lui-même pour les propositions qu'il aurait à lui faire.

Au mois de décembre de l'an 1261 , le pape Urbain IV fit entrer Raoul III dans le collége des cardinaux , et au mois de janvier suivant le roi Louis notifia cette promotion à Ende, archevêque de Rouen. Raoul, devenu ainsi cardinal et évêque d'Albano, quitta l'évêché d'Evreux, selon la coutume de ce temps-là, pour ne pas posséder deux églises à la fois, et, le 3 décembre 1262, le siége d'Evreux était vacant.

En 1265, Raoul de Grosparmi était investi de la dignité de légat apostolique. Il accompagna, en cette qualité, le roi S. Louis dans son expédition outre-mer contre les infidèles de Tunis , et mourut sous les murs de cette ville, le 4 des ides d'août 1270 (10 août).

C'est pendant que Raoul de Grosparmi occupait le siége d'Evreux qu'eut lieu la fondation des Frères - Mineurs dans un faubourg d'Evreux, faite par Jean de Garencière; homme d'armes, et celle de l'hospice de Vernon, par Louis IX, roi de France. Lui-même il fonda, en 1262, dans l'église d'Evreux, la chapelle de la Conception de la Ste Vierge, partie avec les dîmes du Vaudreuil , partie avec les dons de S. Louis.

XLIII.

RAOUL IV

(DE CHEVRY) (1).

1263—1269.

Au cardinal Raoul succéda Raoul IV de Chevry (de Capriaco), ainsi nommé d'un village du territoire de Paris,

(1) Chevry - Cossigny (Seine - et - Marne). Plusieurs auteurs l'appellent DE CHEVRIERS , sans doute Chevrières (département de l'Oise). Dans un acte de 1266, on lit: « Raoul DE CHEVRYÉ, évêque d'Evreux. » Chevryé, dans le Mantois.

dans la Brie (in Briegio). Raoul de Chevry était archidiacre et chanoine de l'église de Paris; il fut sacré à Rouen
en même temps que Eude, évêque de Bayeux, par l'archevêque Eude, le 4 des calendes d'août 1263 (29 juillet);
deux jours après, il prit possession, et dans la même année, au parlement de la S. Martin d'hiver, l'abbé de Fécamp lui fit présent d'une chapelle, suivant l'usage.

En 1268, Raoul IV de Chevry approuva un arrange-
ment fait entre les chanoines de la cathédrale et Richard,
abbé de Saint-Taurin, sur les droits de l'abbé et de son
couvent dans les cérémonies des funérailles et de la sépulture des évêques d'Evreux; car il s'était plaint lui-même
que le corps de Jean, son prédécesseur, n'eût pas été reçu
par les moines de Saint-Taurin.

En même temps furent arrêtés entre lui et les moines
des articles concernant la réception de l'évêque le jour
de son joyeux avènement et la réception de son corps
après sa mort. Ces articles furent confirmés par Raoul,
alors cardinal-évêque d'Albano, auparavant évêque d'E-
vreux, exerçant les fonctions de légat du siège apostolique.
Dans le mois d'avril de la même année, il publia des rè-
glements sur la visitation, procuration et juridiction des
archidiacres et sur d'autres choses concernant le clergé.

Raoul de Chevry mourut le 29 novembre 1269, laissant

un testament que l'official de Paris ouvrit au mois de février 1270 et dans lequel il faisait plusieurs legs pieux. Il fut enterré dans l'église de Saint-Eloi de Lonjumeau, à laquelle il avait fait plusieurs donations.

XLIV.

PHILIPPE I

(DE CHAOURSE) (1).

1269—1281.

A la mort de Raoul IV, on élut pour lui succéder Ma-
thieu, abbé de Saint-Denis près Paris. Celui-ci refusa.
On lui substitua Philippe de Chaourse, trésorier de
Saint-Frambaud ou Frambours de Senlis et écolâtre de
Bayeux. L'archevêque de Rouen confirma son élection et

(1) Le *Gallia Christiana* écrit Chaourses (Aisne), et non
Chaource (Aube). D'autres écrivent Chaours.

écrivit au roi en demandant pour lui la signature royale
en 1269. On lit son nom, avec la qualité d'évêque d'E-
vreux, dans le testament de S. Louis qui, au mois de
février 1270, l'institua son exécuteur testamentaire avec
Etienne, évêque de Paris. Après la mort de S. Louis, le
roi Philippe III l'adjoignit à Pierre, son frère, dans la ré-
gence du royaume, par un article de son testament fait
le jour de S. Remy 1270, au camp devant Carthage
(Tunis).

En 1274, Philippe de Chaourse assista au concile de
Lyon. Il mourut en 1281 et fut enterré au milieu du
chœur de l'église des Dominicains d'Evreux. Sur une table d'airain qui recouvrait son tombeau on voyait sa représentation et l'inscription suivante :

CONTINET HANC FOSSA | PHILIPPI PRAESULIS OSSA,
QUEM, PRECOR, AD COETUS | COELESTES COLLIGE, CHRISTE;
NAM PAVIT LAETUS | IN EGENIS SAEPE TUIS TE.
HINC OBITUM DISCE | MIGRANTIS AD ATRIA COELI;
PER SEMEL M, BIS C, | BIS QUATER X, SEMEL I.
LUXIT ET AUGUSTI B | TERTIA FUNERA JUSTI.

C'est sous l'épiscopat de Philippe de Chaourse que S.
Louis, se trouvant à Evreux avec deux de ses fils, conçut
le projet d'y établir un couvent de Frères-Prêcheurs.

L'église de ce couvent fut placée plus tard sous l'invocation de S. Louis (1299).

₊ Une ressemblance de noms a induit en erreur plusieurs écrivains et leur a fait placer sur le siége d'Evreux un évêque parfaitement étranger à ce diocèse. C'est Gaufrid ou Geoffroy, vicaire-général de Elie, patriarche de Jérusalem, dont on cite une lettre datée de Saint-Jean-d'Acre, 5 octobre 1280, et adressée à Edouard Ier, roi d'Angleterre, sur la situation de la Terre-Sainte. On a appelé ce Geoffroy « Ebroïcensis episcopus, » mais c'est *Ebronensis* qu'il fallait lire. Geoffroy n'était donc pas évêque d'Evreux.

XLV

NICOLAS I

(D'AUTEUIL).

1281 — 1298.

En 1281, le mercredi après la fête de S. Luc, fut confirmé à Rouen et sacré le dimanche suivant Nicolas d'Auteuil, élu évêque d'Evreux après la mort de Philippe de Chaourse. Cependant il eut un rival, Eustache de Rouen, de l'ordre des Mineurs, que Martin IV institua évêque du même diocèse en 1282. Nicolas d'Auteuil finit par l'emporter et le pape plaça Eustache à la tête du diocèse de Coutances.

A l'époque de son élection à l'évêché d'Evreux, Nicolas d'Auteuil, frère du célèbre capitaine Guy d'Auteuil, était trésorier de S. Frambaud de Senlis et chanoine de Saint-Quentin et il avait été nommé conseiller du royaume (conseiller d'Etat) avec Philippe, son prédécesseur. En 1282, il confirma, en qualité d'Evêque d'Evreux, un nouvel abbé de Lyre et signa des actes concernant le couvent de Saint-Taurin. En 1288, il régla avec le chapitre d'Evreux que le doyen élu par le chapitre serait présenté à la confirmation de l'évêque. En 1289, il eut avec les moines de Saint-Taurin une querelle au sujet des vivres qu'ils devaient procurer à l'évêque d'Evreux arrivant dans son diocèse, ainsi qu'à sa suite, et puis au sujet de la même procuration à laquelle ces moines étaient tenus envers le doyen et le chapitre apportant à l'église de Saint-Taurin le corps d'un évêque décédé. Cette querelle ne fut terminée qu'en 1290 par Guillaume, archevêque de Rouen.

Nicolas I reçut, en 1290, la fondation du prieuré du Parc, près Harcourt, faite par Robert, évêque de Coutances, pour des chanoines réguliers. En 1293, il institua dans sa cathédrale la dignité de pénitencier. Au mois de mars 1298, il confirma une donation faite au recteur des écoles d'Evreux par Pierre de Senlis, doyen d'Evreux, et il mourut le 16 des calendes de juin (17 mai) de la même année 1298.

XLVI.

GEOFFROY I

(DE BAR).

1208—1209.

Geoffroy I ou Gaufrid était né à Bar-sur-Seine, d'où lui est venu le surnom de De Bar que les auteurs lui ont donné (de Barroio ou de Barrecio). Il mourut le 18 avril 1209 (1). On n'a rien de certain à son sujet. Il paraît que

(8) On a accusé les moines de ce temps-là, dit Le Brasseur, d'avoir retiré le corps de Geoffroy de Bar de sa bierre, tandis que, suivant la coutume, il était en dépôt dans leur église, et de l'avoir cruellement fouetté, apparemment pour le punir du soin qu'il prenait de les remettre dans la règle.

Geoffroy de Bar eut avec les moines et l'abbé de Lyre
des différends tels que l'archevêque de Rouen dut inter-
venir, et qu'il entreprit de réformer la conduite des
moines de Saint-Taurin.

6

XLVII.

MATHIEU

(DES ESSARTS).

1299—1310.

Mathieu des Essarts, grand-chantre de l'église d'E-
vreux, fut élu évèque et prit possession du siége le samedi avant la fête de l'Assomption en l'an 1299. Huit
jours après, il institua la fête semi-double de S. Louis et,
dans la même semaine, il plaça sous l'invocation de ce
saint roi l'église des Dominicains.

En 1303, Mathieu des Essarts se rendit avec les autres

prélats et grands de France aux Etats-généraux convoqués contre Boniface VIII. Il assista dans les deux années suivantes à deux conciles, et en 1306, à la translation du chef de S. Louis dans l'église de la Sainte-Chapelle de Paris. En 1310, il dédia l'église des Frères-Mineurs, et mourut le 1er octobre de la même année, emportant les justes regrets de son diocèse. La Régale resta ouverte depuis le 3 du même mois jusqu'au 1er juin de l'an 1311. On lit, en effet, dans un cartulaire de Saint-Taurin que le siége était vacant à la fête de Noël. On voyait son tombeau en pierre dans l'abside de la chapelle de S. Claude et son portrait sur les vitraux.

Mathieu des Essarts institua dans sa cathédrale deux vicaires perpétuels pour suppléer les chanoines dans la célébration quotidienne de l'office divin. A sa prière, Philippe, évêque de Séez, bénit à Paris l'abbesse de Saint-Sauveur d'Evreux, en 1308.

XLVIII.

GEOFFROY II

(DU PLESSIS).

1311—1327.

Geoffroy II du Plessis, neveu de Geoffroy, chancelier de l'église de Tours, élu évêque d'Evreux, fut chargé par le roi Philippe IV, le 14 février 1311, de conclure un traité entre le roi de France et le roi des Romains. A la date du 5 mars 1311, il est encore appelé évêque-élu dans les registres du Vatican. Par une bulle de Clément V, datée de Vienne, 5 des ides d'avril (9 avril), septième année du pontificat de Clément, Geoffroy, évêque d'Evreux, fut nommé commissaire avec Geoffroy du Plessis, chancelier de l'église de Tours, pour terminer un différend survenu au sujet d'un canonicat. On trouve aussi son nom dans un grand nombre d'actes rédigés dans les années suivantes. On croit qu'il est mort en 1327.

En 1318, Geoffroy du Plessis, évêque d'Evreux, institua la fête du très-saint Sacrement. Il avait, en 1314, assisté à la dédicace de l'église d'Ecouis (*Escotacum*). En 1320, il confirma la collégiale de douze chanoines avec un doyen fondée en 1311 à Saint-Martin-la-Corneille, et il approuva la fondation des chapelles de S. Pierre et de S. Jean dans l'église Notre-Dame de Vernon.

Serait-ce Geoffroy du Plessis que désigne le passage suivant du Nécrologe de l'église d'Evreux : « Le 13 novembre, commémoration du seigneur Gaufrid, évêque d'Evreux, pour laquelle les chanoines doivent avoir 40 sols, que sont tenus de payer l'abbé et le couvent de Saint-Taurin d'Evreux, jusqu'à ce qu'ils se soient affranchis de l'amende à eux imposée pour avoir, contre les lois de l'humanité, battu de verges son cadavre (1). »

** On trouve un Raoul d'Elbeuf, que l'on prétend

(1) Cette réflexion est du *Gallia-Christiana ;* mais peut-être ceci se rapporte-t-il mieux à Geoffroy de Bar, qui se fit haïr par les moines de Saint-Taurin pour avoir voulu réformer leurs mœurs.

avoir consenti à une fondation, en 1312, comme évêque d'Evreux et s'être trouvé, en 1314, au concile de Pont-de-l'Arche et à la signature de plusieurs actes du couvent de Saint-Taurin. Quoiqu'il en soit, nous croyons que son épiscopat est controuvé, ou que Raoul d'Elbeuf n'a été qu'un rival ou concurrent de Geoffroy du Plessis.

₊ A la place de Geoffroy du Plessis, on élut évêque d'Evreux Adam (1) de l'Ile Adam, fils d'Ancelle et de Marie Mauvoisin, conseiller du roi, professeur et licencié en droit-canon et doyen de la cathédrale d'Evreux. Il prononça sa profession à la chambre apostolique le 18 février 1328; mais le 24 mars suivant, il était mort avant d'avoir reçu l'onction et, par conséquent, sans avoir pris possession. Donc il n'a pas réellement occupé le siége d'Evreux. On lit à son sujet dans le Nécrologe d'Evreux, au 23 octobre : « Mort de Adam de l'Isle, élu et confirmé évêque d'Evreux. »

.*. Il y a encore un autre personnage que l'on a appelé évêque d'Evreux à la même époque, et auquel on ne peut s'arrêter : c'est Jean de Vienne ; et c'est la chronique de Nangis, t. II, p. 741, qui l'appelle « episcopus Ebroïcensis, » au lieu de Abrincensis (évêque d'Avranches).

(1) André, suivant d'autres.

XLIX.

JEAN III

(DU PRAT).

1328.—1333.

Jean III du Prat ou du Pré, natif d'Evreux, élève de l'ordre de S. Dominique, professeur de théologie à la Faculté de Paris, fut substitué à Adam par Jean XXII, pape résidant à Avignon. Suivant les registres du Vatican, il fit sa reconnaissance à la chambre apostolique le 14 avril 1328, mais il ne fut ordonné que le 12 des calendes de mars (18 février) de l'an 1329.

Le 5 novembre 1330, Jean III divisa Louviers en trois

paroisses. Trois ans après il unit l'église de Louviers au couvent de Saint-Taurin, par lettres datées du vendredi après la Pentecôte. L'année suivante le siége était vacant; car on lit dans les Actes d'Evreux que les droits de la Régale étaient alors ouverts. Cette circonstance a donné lieu à une divergence d'opinions à son sujet. Les uns veulent qu'il soit mort le 5 juillet; les autres avancent qu'il est rentré dans son ordre de S. Dominique et qu'il a été fait grand-inquisiteur à Carcassonne. On lit, en effet, dans les registres de l'inquisition de Carcassonne le nom de Jean du Prat, de l'an 1335 à 1338.

C'est pendant l'épiscopat de Jean que des bornes furent placées dans la ville pour séparer le territoire du comte de celui de l'évêque.

GUILLAUME II

(DES ESSARTS).

1333—1334.

Guillaume II, des Essarts, fils de Martin-des-Essarts,
conseiller du roi, était chanoine de Tours et doyen de
Saint-Germain-l'Auxerrois, à Paris. Il obtint de Jean
XXII une bulle datée d'Avignon, 16 des calendes de décembre (17 nov.), 17ᵉ année de son pontifical, dans laquelle le souverain-pontife lui permettait de s'attacher à
l'étude des lettres dans le lieu où les lettres en général
étaient le plus florissantes. Par une autre bulle du 13 oc-

tobre de l'année suivante, délivrée à Guillaume élu évèque d'Evreux à la prière du roi Philippe, le même souverain-pontife proroge au 1er septembre de l'année suivante la consécration de Guillaume. En 1333, il assista encore à titre d'évêque élu à l'assemblée de Vincennes et à celle de Paris, dans lesquelles on s'occupa de l'opinion de Jean XXII sur la vision béatifiante. Enfin l'élection de Guillaume fut confirmée le 8 août 1334 par Pierre, archevêque de Rouen qui, peut-être, le sacra à cette époque.

Deux actes signés par lui et conservés dans les archives du chapitre ont suffisamment établi qu'il n'a pas été seulement élu, mais qu'il a réellement exercé les fonctions épiscopales.

Guillaume II mourut, dit-on, le 17 octobre 1334, à Avignon. On trouve en effet, à la date de ce jour, dans le nécrologe de l'église cathédrale, les lignes suivantes: Anniversaire pour MM. Guillaume et Vincent-des-Essarts, deux frères qui, tous les deux, furent évêques d'Evreux l'un après l'autre.

VINCENT

(DES ESSARTS).

1331—1335.

Vincent-des-Essarts, frère de Guillaume, prévôt de
Ingré dans l'église de Chartres, arriva à l'épiscopat par
la mort de son frère, dans la 18e année du pontificat de
Jean XXII, au nom duquel il fit sa promesse à la chambre
apostolique, le 4 novembre 1334, et il mourut au mois de
mars de l'année suivante.

LII.

GEOFFROY III

(DE FAÉ),

1335—1340.

D'abord prieur de Pré, Geoffroy III de Faé devint abbé du Bec; et de cette dignité il parvint à celle d'évêque d'Evreux par élection, le 1er avril 1334 avant Pâques, c'est-à-dire le 1er avril 1335.

Voici ce que dit de lui la chronique de l'abbaye du Bec : « Après avoir administré le monastère avec zèle et d'une manière digne d'éloges pendant environ sept ans, il mérita par ses qualités bien connues d'être élu évêque

d'Evreux et il le fut en l'an 1334 de l'incarnation de Notre
Seigneur. Cependant il ne quitta point l'habit régulier de
l'église du Bec ; mais partout il porta les vêtements blancs
et particulièrement le capuchon blanc, vêtement spécial
de cette église. Pendant son épiscopat il augmenta et
agrandit les bâtiments de l'église d'Evreux et surtout le
chœur. »

Geoffroy quitta l'abbaye le 23 juin 1335. La chronique
du Bec nous fournit encore sur sa mort un document
précis : « Le 15 avril de l'an 1340 du Seigneur mourut,
y est-il dit, le seigneur Geoffroy Faé (*Gaufridus*), 20e
abbé du Bec et ensuite évêque d'Evreux. Il n'oublia point
l'église du Bec, et il y fut rapporté et inhumé dans la partie gauche du chœur. »

Il est représenté sur quatre vitraux du chœur de la
cathédrale avec les insignes ou armes du Bec et cette inscription : *Dominus Gaufridus abbas Becci, posteà
episcopus Ebroïcensis.*

ROBERT II

(DE BRUCOUR).

1340—1373.

Robert II, surnommé de Brucour à cause d'un village de ce nom voisin de Pacy, dans lequel il est né, est surnommé de Cella ou de Chelle dans les registres de l'église d'Amiens dont il était chanoine en même temps que doyen d'Evreux. Il fut fait évêque le 20 octobre 1340, et le 28 décembre il ratifia la fondation de la chapelle de Saint-Eustache.

Robert II assista par procureur au concile de Rouen en
1342. L'année suivante il cita en justice Michel, curé de
la paroisse de Blainville, comme ayant dissipé les legs de
Jean-du-Pré ou Duprat, évêque d'Evreux, dont il était
exécuteur testamentaire, et il employa à diverses fonda-
tions pieuses les biens de Michel condamné par Clément VI; c'est ainsi qu'il fonda la chapelle de Saint-Jac-
ques et dota celle de Sainte-Anne en 1348. Deux ans après
il ajouta deux vicaires perpétuels aux deux premiers ins-
titués par Mathieu des Essarts. En 1353, il bénit le cimetière de l'Hôtel-Dieu de Louviers.

C'est durant l'épiscopat de Robert II de Brucour, en
1350, que fut instituée, dans l'église d'Evreux par Charles,
roi de Navarre et comte d'Evreux, et par Jeanne, son
épouse, la confrérie *du Pardon*, qui fut si nombreuse
et dans laquelle se firent inscrire plusieurs princes.

En 1355, pendant la guerre que se faisaient le roi de
France et Charles, roi de Navarre et comte d'Evreux, la
cathédrale, l'évêché et la plus grande partie de la ville
furent incendiés. L'évêque, le doyen et presque tous les
chanoines se retirèrent à Vernon, et il ne resta que quatre
chanoines auprès de l'église cathédrale d'Evreux.

Robert assista au baptême du dauphin, fils de Charles V,
à Paris, le 11 décembre 1368, et aux états du 9 mai 1369.

Comme son grand âge l'empêchait de remplir les fonctions épiscopales, il fut cité le 3 mars 1373 à prendre un coadjuteur. On dit qu'il est mort à Paris, le 24 janvier 1374. Cependant c'est dans la cathédrale d'Evreux qu'il a été enterré, près du maître-autel. On faisait commémoration de Robert à Evreux, le 15 décembre, et dans l'église d'Amiens, le 1er mars.

LIV.

GUILLAUME III

(D'ESTOUTEVILLE).

1375—1376.

A la place de Robert II de Brucourt, on élut à l'évêché
d'Evreux Guillaume III, fils de Jean d'Estouteville et de
Jeanne de Fiennes , premier président de la Cour des
Aides de Paris et chanoine de Rouen. Guillaume fit sa profession à la chambre apostolique le dernier jour de février
1375. Comme nouvel évêque , il demanda aux moines de
Fécamp, le 12 mai 1375, la chapelle qu'ils devaient aux évê-

7

ques d'Evreux, et le 21 du même mois, il assista dans le Parlement à la lecture de l'édit concernant la majorité des rois.

Au commencement de 1376, l'évêché d'Evreux fut mis en régale(1); c'est que Guillaume passa dans l'église d'Auxerre, d'où il fut ensuite transféré au siége de Lisieux.

(1) On sait que tout évêché vacant tombait en régale, c'est-à-dire, que le roi, en vertu de son droit, *jus regium*, jouissait des revenus de l'évêché et conférait les bénéfices qui en dépendaient, jusqu'à ce que le successeur eût prêté serment de fidélité et obtenu main levée de la régale.

BERNARD.

(CARITI).

1376—1383.

Bernard Cariti, chanoine d'Evreux, fait évêque en 1376, fit sa profession et reconnaissance à la chambre apostolique pour Guillaume son prédécesseur le 2 mars 1377, et prêta serment entre les mains de Guillaume, son métropolitain, le 12 septembre de la même année. Le 17 du mois de juin précédent, le roi avait assigné aux chanoines d'Evreux 200 livres d'or pour des réparations à faire dans le chœur de la cathédrale.

C'est Bernard qui, le premier, adjoignit des vicaires généraux aux soins de l'administration du diocèse en 1377. Le 9 décembre de l'année suivante, il était membre du Parlement solennellement assemblé pour le jugement du duc de Bretagne; et, le 2 octobre 1380, il était aux états généraux siégeant pour proclamer la majorité des rois; Charles V, roi de France, était mort au mois de mars.

En 1383, Bernard consacra la basilique de Conches restaurée par l'abbé Richard. Au mois d'août de la même année 1383, Bernard mourut et fut inhumé dans la cathédrale d'Evreux, près du maître-autel, du côté gauche; on y voit encore sa représentation.

LVI

PHILIPPE II

(DE MOULINS).

1383—1388.

Philippe II de Moulins, né dans le diocèse de Nevers,
fut conseiller et secrétaire d'Etat sous les rois Jean, Charles V et Charles VI; il était chanoine et chantre de l'église
de Paris avec une pension annuelle de 600 livres, et
membre du Parlement. Vicaire de l'évêque de Paris,
il reconnut au mois d'octobre 1383 l'élection de l'abbé
de Saint-Victor. Elu évêque d'Evreux peu de temps
après, il fit sa profession à la chambre apostolique le 14

novembre de la même année, et fut ordonné à Paris le
10 janvier suivant par Jean, patriarche d'Alexandrie et
administrateur de l'église de Toulouse, qui fit dans cette
cérémonie une harangue devant le roi Charles VI. Ce
prince donna le même jour à l'évêque Philippe un anneau
d'or enrichi de pierreries du prix de 280 livres et, le 10
février, il lui assigna une pension annuelle de mille livres.
Le 13 septembre 1384, Philippe reçut encore 600 livres,
comme garde-des-sceaux de Charles, roi de Navarre, et de
Pierre, son frère.

Ce n'est qu'en 1385 qu'il prit possession, et cette année-
là, chargé par le souverain-pontife d'asseoir la dîme
récemment accordée au roi, il reçut mille livres à titre
d'honoraires. Philippe signa comme témoin, le 27 janvier
1386, le contrat de mariage entre Louis, fils de Charles V,
et Valentine Visconti, fille de Galéas duc de Milan. En
1388, Philippe fut transféré du siége d'Evreux à celui de
Noyon.

ᴵᴵ Philippe de Moulins a donné à l'église d'Evreux une
statue d'argent de la Sainte-Vierge, sur laquelle étaient
sculptées ses armes.

On a voulu donner pour successeur à Philippe, Pierre
son neveu, doyen de la cathédrale d'Evreux, mort le 10
juillet suivant, et dont l'anniversaire se célébrait en effet

dans cette église; et l'on a pris pour autorité les archives de l'église métropolitaine. Le fait est peu important; encore n'est-il guère possible de l'admettre, comme on va le voir.

LVII

GUILLAUME IV

(DE VALLAN).

1388—1400.

Le 2 décembre 1388, le même jour que Philippe fit sa profession et reconnaissance pour l'église de Noyon, dans laquelle il était transféré, Guillaume de Vallan, dominicain d'Auxerre, docteur de l'Université de Paris, confesseur du roi Charles VI, ex-évêque de Bethléem, promu au siége d'Evreux, fit la profession et reconnaissance pour son prédécesseur à la chambre apostolique et il lui fut donné, pour dégager sa promesse, des termes fixés au 28 septembre et 7 décembre 1391 et au 28 février 1392.

Mandé par le roi à la requête de l'Université de Paris pour ses opinions sur l'immaculée conception de la Sainte-Vierge, Guillaume donna à l'Université des raisons suffisantes. On trouve son nom dans les registres de la cour des comptes de l'année 1389. Guillaume IV anathématisa en 1392 l'abbé de Lyre, qui refusait le serment à l'évêque, et il lui donna l'absolution la même année, quand l'abbé se fut amendé. Le 8 juillet 1393, il siégeait au Parlement de Paris.

Une lettre du roi Charles VI, disent les frères de Ste-Marthe, nous apprend que Guillaume IV de Valian mourut le 23 avril de l'an 1400; on sait par les archives d'Evreux que le siége était vacant à Pâques.

GUILLAUME V

(DE CANTIERS).

1400—1418.

Guillaume de Cantiers, né dans le Vexin·normand, était conseiller-clerc au Parlement de Paris dans les années 1392-95-98 et 99. Dans cette dernière année, le chapitre de l'église d'Evreux, dont il était chanoine, le députa à l'assemblée de l'église de France qui devait se tenir à Paris. L'année suivante, Guillaume de Cantiers fut élu par le chapitre, promu et sacré évêque d'Evreux par Benoît XIII, et à son avènement, il donna à l'église une magnifique verrière sur laquelle est inscrite la date de son élection, 1400.

Le samedi 25 février 1401, Guillaume de Cantiers siégeait au conseil du roi. Le concile général de l'église de France le délégua en 1408 avec Guillaume, évêque de Lisieux, pour adjuger l'archevêché de Rouen, que se disputaient Louis de Harcourt demandé par le chapitre et Jean d'Armagnac, archevêque d'Auch, nommé par Benoît XIII. Guillaume se prononça pour Louis de Harcourt. L'année suivante, il se rendit au concile de Pise.

En 1410, le Parlement de Paris termina une querelle qui avait éclaté entre Guillaume de Cantiers et son chapitre au sujet de la juridiction, de l'exemption et autres chefs.

Député par le clergé de France au concile de Constance, le 10 novembre 1414, Guillaume de Cantiers fut, au mois de juillet suivant, chargé par le concile et par l'empereur Sigismond d'une mission auprès du roi très-chrétien et de l'Université; il fut arrêté dans le duché de Bar avec ses collègues par Henri de la Tour, dépouillé, retenu en captivité et fort maltraité. Le coupable frappé d'anathème par le concile relâcha ensuite les députés. Guillaume fut plusieurs fois chargé par le roi de France de missions importantes auprès des deux papes de Rome et d'Avignon e tauprès du duc de Bourgogne.

En 1416, Guillaume, évêque d'Evreux, ouvrit la châsse de S. Gaud dans l'église de Saint-Taurin et reconnut les reliques contenues dans cette châsse. Deux ans après, les Bourguignons étant entrés dans Paris, Guillaume fut saisi, jeté en prison comme partisan des Armagnacs, puis mis à mort le 12 juin 1418 dans une émeute excitée par les Bourguignons.

Il est un fait certain, c'est qu'après la prise d'Evreux par les Anglais, en 1417, le roi d'Angleterre, par une lettre datée du camp devant Rouen, 18 septembre 1418, donna au chapitre d'Evreux la faculté d'élire un évêque en remplacement de Guillaume de Cantiers décédé. Les actes de l'abbaye de Fécamp constatent que le 13 décembre 1419, le siége était encore vacant; car on avait dû envoyer à l'ordination, auprès de l'archevêque de Rouen, les moines de cette maison qui, suivant l'usage, recevaient l'ordination des mains de l'évêque d'Evreux.

LIX.

PAUL

(CAPRANICA).

1420—1427.

Paul-Capranica, frère des cardinaux Dominique et Ange Capranica, était romain de naissance, secrétaire et camérier du pape Martin V. C'est ce pontife qui le choisit pour évêque d'Evreux et après un délai assez long ; car ce ne fut que le 17 avril 1420. Paul prêta par procureur le serment de fidélité à Henri V, roi d'Angleterre, le 17 juin. Le procureur de Paul était Jacques, évêque de Nurni

(Etats de l'Eglise); c'est lui qui le premier prononça ce
serment pour l'église d'Evreux sur le maître-autel. Paul
prit possession le 23 du même mois, avec autorisation du
même Henri V, roi d'Angleterre. En 1422, ce prince
rendit et confirma par édit à l'évêque d'Evreux les droits
et biens de cette église, dont plusieurs nobles s'étaient
emparés en profitant des occasions que la guerre leur
avait procurées. Le 26 août de la même année fut consa-
crée la Chapelle des Malades dans l'abbaye de Lyre.

En 1423, à la prière de Guillaume, prieur de Saint-
Jacques-de-l'Hôpital, Paul institua dans la ville d'Evreux
la confrérie de la Charité pour ensevelir les morts. Deux
ans après, au mois de juin 1425, il substitua la fête de
S. Barnabé, apôtre, à une fête ridicule et qui sentait le
paganisme (1).

Transféré sur le siège épiscopal de Bénévent, le 16 des
calendes de juillet (17 juin) 1427, il quitta celui d'Evreux
l'année suivante.

_____

(1) La fête aux Cornards. Dans un ancien registre du prési-
dial d'Evreux, on lisait : *La dite confrairie de nouvel fondée
et célébrée en l'Hôtel-Dieu de la ville d'Evreux, en forme de
conversion, pour adnuler et mettre à néant certaine dérision,
difformité et infamie, que les gens de justice, juges et autres
de la dite ville, commettaient le jour de monsieur S. Barnabé,
qu'ils nommaient l'Abbaye aux Cornards, etc.*

LX

MARTIAL

(FORMIER OU FOURNIER).

1427—1439.

Suivant le registre n° 16 du Trésor des chartes, après la translation de Paul au siége de Bénévent, les chanoines d'Evreux demandèrent au roi d'Angleterre Henri VI, en 1427, la faculté d'élire un évèque. Cependant on lit dans les registres du Vatican, que, « le siége d'Evreux se trouvant vacant par suite de la translation de Paul de Capranica, évèque d'Evreux au siége de Bénévent, Martin V pourvut cette église dans la personne de Martial Formier, docteur en droit civil et en droit canon et auditeur des causes du sacré palais, le 16 des calendes de juin (16 mai) 1427. »

Martial Formier ou Fournier était archidiacre du Vexin dans l'église de Rouen, chanoine dans l'église de Paris, chancelier du duc de Bedford, régent de France pour Henri VI. Fait évêque d'Evreux, il prêta serment à l'église de Rouen le 26 septembre 1427, puis à l'église d'Evreux, dont il prit possession le 28 du même mois par procureur et le 8 décembre, par lui-même.

Le jeudi 5 février 1428, Martial confirma la fête de la translation de S. Maxime, évêque de Riez, patron de Vernon, qu'il obligea tous les habitants de la ville à célébrer, sous peine d'excommunication, comme le jour du dimanche.

Le 8 février 1429, il reçut des moines de Fécamp la somme de 120 livres, valeur de la chapelle de redevance à laquelle les abbés de Fécamp étaient tenus envers les évêques d'Evreux qui ordonnaient leurs religieux.

Lorsque Jean, duc de Bedford, fut admis par le chapitre métropolitain au nombre des chanoines de Rouen, c'est Martial qui, avec les évêques de Beauvais et d'Avranches, le conduisit solennellement, tout revêtu de l'habit de chanoine, du siége du chapitre au chœur de la cathédrale, le 23 octobre 1430.

Comme il avait avec son chapitre une querelle au sujet de laquelle il avait écrit de Rouen aux bourgeois d'Evreux, en 1430, qu'il était disposé à s'en rapporter à des arbitres, il obtint au mois de février 1431, contre le chapitre, des lettres royales dans lesquelles il était dit étudiant et de fait résidant à Paris et, comme tel, ne pouvant être forcé de quitter cette ville.

Le 17 décembre de la même année, Martial, évêque d'Evreux, prêta serment à Henri VI, roi d'Angleterre, à Saint-Denis et il le reçut solennellement à son entrée à Paris, avec les évêques de Paris, de Noyon et de Beauvais.

Martial s'étant rendu au concile de Bâle, y tomba malade et se retira à Strasbourg, où il mourut dans une maison de Templiers le 13 août 1439. Les Templiers lui donnèrent la sépulture chez eux. Martial légua tous ses biens à l'Eglise d'Evreux par un testament dont les exécuteurs furent nommés par les pères du concile de Bâle.

₊ On a prétendu que le chapitre d'Evreux avait donné pour successeur à Martial, Raoul Rouxel chanoine d'E-vreux. Son élection, si elle a eu lieu, n'a point été confirmée et, à la fin de l'année 1443, Raoul Rouxel a été élevé au siége de l'église métropolitaine, dont il était le tréso-rier.

₊ Quel est aussi ce Guillaume, évêque d'Evreux
8

(Ebroïcensis episcopus) qui a assisté à la bénédiction donnée à Marie de Breanté, abbesse de Saint-Amand à Rouen,
le dimanche 17 mai 1433 , troisième année du pontificat
d'Eugène IV? Nous ne saurions le dire, à moins que ce ne
soit encore un *Ebronensis episcopus.*

LXI

PASQUIER

(DE VAUX)s

1439—1443.

A Martial succéda Pasquier-de-Vaux, le 9 octobre 1439, suivant les registres du Vatican. Pasquier était évêque de Meaux et chaud partisan des Anglais ; c'est pourquoi les Français s'étant rendus maîtres de Meaux, le pape Eugène IV le transféra dans le siége d'Evreux.

Avant la fin de la même année, Pasquier-de-Vaux prit possession par procureur ; il rendit les premiers devoirs à l'église métropolitaine le 28 juin 1440, et le 31 août, avec permission de l'autorité supérieure, il donna la bénédiction à l'abbé de Lyre, à Rouen, dans la chapelle de S. Marc.

On le trouve à la date de cette année et de la suivante comme administrateur perpétuel du prieuré de Sainte-Marie-du-Parc-de-Grammont, près de Rouen, conseiller du roi d'Angleterre et président de la chambre des comptes de Rouen.

Pasquier était un partisan si déterminé du roi d'Angleterre que, quand la ville d'Evreux eut été reprise sur les Anglais par Robert de Floques et Jean son fils en 1441, rien ne put amener l'évêque à reconnaître Charles VII pour son roi et seigneur. En conséquence, par édit du 3 janvier 1442, le roi Charles mit la main sur tous les biens de Pasquier en quelqu'endroit du royaume qu'ils se trouvassent. Le 5 des calendes de février (28 janv.) de l'année suivante 1443, Eugène IV transféra Pasquier dans l'église de Lisieux qui tenait encore pour l'Anglais.

LXII.

PIERRE I

(DE COMBORN).

1443—1463.

Pierre de Comborn, chanoine d'Evreux devenu évêque de Chartres, fut nommé évêque d'Evreux par le roi d'Angleterre, dont il avait embrassé le parti, pour remplacer Pasquier transféré à Lisieux. Suivant les registres du Vatican, le pape Eugène IV transféra Pierre du siège de Chartres à celui d'Evreux, le 5 des calendes de février (28 janvier) de l'année 1443.

Ainsi fait évêque d'Evreux, Pierre prononça le serment

de fidélité à son roi le 8 juillet de la même année à Poitiers; au mois de mars suivant, il siégeait au parlement
comme le témoignent les registres de cette assemblée.

Toutefois, ce ne fut point sans contestation que Pierre
de Comborn parvint à l'évêché d'Evreux, car il eut pour
rival Guillaume de Floques qui l'emportait en 1447. Après
l'expulsion des Anglais de toute la Normandie, Pierre
poursuivit l'affaire encore en litige, épuisa le débat, et,
par sentence définitive de la haute cour, il conserva son
évêché contre les prétentions de Guillaume. Il prêta donc
serment au chapitre le 20 septembre 1456 par Guillaume
de Canteleu, son procureur, et il confirma ce serment en
personne le 30 janvier suivant. Il est de fait que le 15
mai 1457, Pierre de Comborn reçut du roi, par la main
de Roger Canu, un cierge de 12 livres qui lui était dû
pour la prévôté d'Evreux, le jour de la Purification de
la Sainte-Vierge Marie. Le 14 octobre 1458, il reçut un
cerf et un sanglier dûs annuellement par le roi dans la
forêt de Breteuil à l'évêque d'Evreux dans sa maison de
Condé.

On trouve encore le nom de Pierre de Comborn, évêque
d'Evreux, dans divers actes des années 1460, 1461, 1462,
1463 et dans un acte de 1465 où il lui est assigné une

rente annuelle de 150 écus, pour sa renonciation à l'évê-
ché d'Evreux faite l'année précédente ou à la fin de 1463.
En effet , Pierre fut alors transféré à l'évêché de Saint-
Pons-de-Tomières (Hérault).

LXIII

GUILLAUME V

(DE FLOQUES).

1443—1464.

Lors de la translation de Pasquier du siége d'Evreux à celui de Lisieux, Robert de Floques, qui avait délivré la ville d'Evreux du joug des Anglais et l'avait reconquise au roi de France Charles VII au mois d'octobre 1441, obtint du chapitre, par menaces autant que par prières, l'élection à l'évêché d'Evreux de Guillaume son fils, moine bénédictin; ce qui eut lieu le 10 juillet 1443. Guillaume ne put

obtenir de l'archevêque de Rouen qu'il confirmât son
élection, et le refus de l'archevêque est aisé à comprendre:
d'un côté, Pierre de Comborn avait été promu à ce siége
par le souverain-pontife; de l'autre, la ville de Rouen
était encore soumise aux Anglais qui haïssaient particulièrement Robert de Floques. Donc, pour conserver son
droit, Guillaume eut recours à l'évêque d'Autun qui ad-
ministrait l'église de Lyon alors vacante. Celui-ci ratifia
et confirma l'élection, et Guillaume de Floques prit possession par procureur le 16 juin 1445, et prêta serment
au roi de France le 24 août 1446, à Bourges.

Cependant Pierre de Comborn, qui tenait du roi d'Angleterre et du souverain-pontife la collation de son évêché,
intenta un procès à Guillaume de Floques devant le Parlement de Paris qui donna gain de cause à ce dernier, le
14 août 1447. Par suite de ce jugement, Guillaume de
Floques prit possession de l'évêché d'Evreux le 5 septembre
suivant et il le garda plusieurs années. En effet, on trouve
son nom, avec cette qualité et autorité, dans plusieurs
actes passés entre les années 1447 et 1456.

A cette époque, Pierre ayant repris le procès depuis
l'expulsion des Anglais, Guillaume fut contraint de céder,
sans toutefois être obligé aux dépens ni à la restitution
des fruits de l'évêché; il se retira à Bernay dont il était

abbé et où il resta sept ans. Enfin par la cession peut-être volontaire de Pierre, Guillaume de Floques redevint évêque d'Evreux; il est fait mention de lui en cette qualité dans les registres du Vatican pour la première fois le 7 des ides de janvier 1464 (7 janv.).

Guillaume revint à Evreux le 16 mars 1464; le chapitre lui offrit ce jour-là le présent d'usage au joyeux avènement. Il mourut le 25 novembre de la même année. Son tombeau se trouve dans la cathédrale d'Evreux au-dessous des degrés du sanctuaire, à gauche, du côté de l'évangile; la pierre porte l'épitaphe suivante laissée incomplète sans doute, parce qu'elle a été gravée de son vivant : — *Hic jacet bonæ memoriæ devotæque religionis dominus Guillelmus de FLOQUES, hujus ecclesiæ Ebroïcensis episcopus, qui obiit in Domino anno millesimo quadringentesimo sexagesimo.... in mense.... Anima ejus in pace requiescat, amen. Robertus DE FLOQUES miles nepos ejus P.* Les blancs doivent être remplis par les mots *quarto* après *sexagesimo*, et *novembri* après *mense*.

Guillaume de la Mare, chanoine d'Evreux, dédia à Guillaume de Floques un petit ouvrage sur la Sainte-Eucharistie: *De sacro sanctâ Eucharistiâ.*

LXIV.

JEAN IV

(LA BALUE).

1465—1467.

Jean Balue ou la Balue, né à Verdun dans le Poitou, eut une destinée bien extraordinaire. Son esprit naturel l'éleva aux plus hautes dignités, et de cette élévation il tomba dans un cachot.

De très-bonne heure Jean Balue entra dans l'église; dès qu'il fut clerc, il s'attacha au service de Jacques Juvénal des Ursins, évêque de Poitiers, dont il gagna si bien

l'affection par une adroite obséquiosité, que toutes les
affaires domestiques du prélat se faisaient par lui seul.
Exécuteur testamentaire de Juvénal des Ursins, Jean Balue
sut tirer pour lui-même de grands avantages de cette
charge délicate. Quand il se fut enrichi, il s'en alla auprès
de Jean de Beauveau, évêque d'Angers, dont il capta encore la bienveillance de façon qu'il fut institué vicaire-
général par ce prélat. Ensuite, sur la recommandation de
Charles de Melun, Louis XI le fit receveur du trésor public et le prit pour son secrétaire intime. Dans cette posi-
tion Jean Balue se conduisit avec tant de finesse, qu'il se
gagna l'esprit de Louis et profita de sa faveur pour arri-
ver plus haut encore.

Comme clerc, aumônier et confesseur du roi, il obtint,
les uns après les autres, plusieurs bénéfices ecclésiastiques;
ainsi, en 1461, il était chanoine d'Angers; il fut ensuite
sénateur-clerc au Parlement; en 1464, il se fit donner la
régale de l'évêché d'Evreux, vacant par la mort de Guillaume de Floques. Enfin, le 4 février 1465, le chapitre
élut évêque d'Evreux, par voie de scrutin, Jean Balue.
Son élection fut confirmée par le souverain-pontife Paul II,
par suite de la cession de Pierre de Comborn élu évêque
de Saint-Pons au mois de mai, et par le vicaire-général du
cardinal d'Estouteville, archevêque de Rouen. En même

temps, Jean reçut les commendes de S. Jean d'Angers et de S. Eloi de Paris; le 14 juillet, il prêta serment au roi en qualité d'évêque d'Evreux et d'abbé de Beaugency. Le dimanche 4 août, il fut sacré à Paris, prit possession en personne le 22 et rendit à l'église de Rouen les devoirs qu'il avait d'abord refusés.

En 1465, étant à Paris, il s'inscrivit avec le roi dans la grande confrérie des bourgeois de Paris. Là, plus soldat et plus capitaine qu'évêque, revêtu des habits sacerdotaux et monté sur une mule, il allait une nuit par la ville, lorsqu'il fut assailli par une bande armée d'épées et de bâtons et grièvement blessé (1). De quoi le roi indigné fit rechercher les coupables et en tira prompte vengeance.

L'année suivante, Jean Balue armé de pied-en-cap passait en revue les milices Parisiennes sorties dans la plaine, enseignes déployées. C'est alors, dit l'historien Gaguin, que le comte de Dammartin, brave guerrier, de-

(1) Abandonné de ses domestiques, il eût succombé, si la mule sur laquelle il était monté ne l'eût emporté à toute bride et conduit à son hôtel. Les auteurs de cet attentat ne furent point découverts. « Combien qu'aucuns dirent depuis que ce avoit fait faire le seigneur de Villier-le-Bocage, pour l'amour d'une nommée Jeanne du Bois, de laquelle il (La Balue) estoit amoureux. » (Monstrelet, additions, pag. 14.)

manda plaisamment au roi mission pour aller à Evreux faire l'examen des clercs qui attendaient l'ordination, puisque Jean, dont ceci était l'office, faisait faire l'exercice aux hommes de guerre.

Son ambition n'étant jamais satisfaite, il demanda, on ne sait pourquoi, et il obtint le siége d'Angers devenu vacant ; le souverain-pontife l'y transféra le 7 juillet 1467.

Quels qu'aient été ses défauts et ses qualités, Jean Balue fit plusieurs actes utiles à la cathédrale d'Evreux ; à sa prière Louis XI fit construire le dôme avec sa pyramide, la partie du transept du côté de l'évêché, la sacristie, la chapelle de la Sainte-Vierge derrière le chœur, la bibliothèque, une partie du cloître, des arcs-boutants et des piliers pour appuyer le chœur, et il donna, confirma ou augmenta plusieurs priviléges favorables à cette église.

Lors de la translation de Jean au siége d'Angers, Antoine Balue, son frère, chambrier du couvent de Saint-Jean-d'Angers, fut élu et confirmé évêque d'Evreux le 7 juillet 1467. Mais Pierre de Comborn étant venu à mourir cette année-là, Antoine, avant d'avoir pris possession du siége d'Evreux, fut transféré à celui de Saint-Pons-de-Tomières (Hérault) par le souverain-pontife le 3 des calendes de novembre 1467 (30 octobre).

On lit, nous ne pouvons dire dans une bulle de Paul II

que nous n'avons pas, mais dans les registres du Vatican,
que, lors de la translation d'Antoine Balue au siège de
Saint-Pons, le chapitre élut à celui d'Evreux, le 3 des calendes de novembre (30 oct.) 1467, Ithier, recteur de la
paroisse de Périgné dans le diocèse de Saintes. Mais cette
élection parait avoir été sans effet (1).

(1) Cependant il est remarquable que l'évêque suivant,
Pierre Turpin, ne date que de l'an 1471.

PIERRE II.

(TURPIN).

1470—1473.

Pierre Turpin, chanoine d'Angers, licencié en droit, d'une famille d'hommes de guerre et barons, fut élu évêque d'Evreux après la translation d'Antoine Balue de ce siége à celui de Saint-Pons, ainsi qu'il est dit dans les registres du Vatican, à la date du 5 des ides de mars 1470. Son père s'appelait Antoine, seigneur de Crissey, noble angevin ; sa mère, Anne de la Grésille. Pierre Turpin ne prêta serment au roi que le 30 mai 1471 et le même jour à l'église d'Evreux par son procureur Ambroise de Buré. Il ne paraît donc pas probable qu'il ait été élu dès l'an 1467. Toutefois la conséquence ne peut être rigoureuse; car Jean Héberge, son successeur, nommé en 1473, ne prit possession qu'en 1477.

Dans le peu de temps qu'il occupa le siége épiscopal, Pierre enrichit la cathédrale d'ornements pour le chœur et le maître-autel. Il mourut en 1473 au château de Condé, d'où il fut transporté au palais épiscopal, puis à l'église de S. Taurin et de là à la cathédrale. Il y est enterré à l'entrée du chœur, du côté droit, près du trône de l'évêque (1).

Dans le Gallia Christiana, tome IIe, colonne 889, d'après une charte du couvent de Cadouin (Dordogne), on voit un abbé de Faize (Gironde) nommé évêque d'Evreux, mort le 11 janvier 1472 : il s'appelle Guillaume du Riglet. Peut-être est-ce encore un *Ebronensis episcopus*; ou, si du moins il a été évêque d'Evreux, il aura cédé à son concurrent. On ne trouve aucun document sur Guillaume du Riglet dans les monuments de l'église d'Evreux.

(1) Mme Retau-Dufresne, dans son Histoire de Cherbourg, 1760, prétend que ce même Pierre Turpin, évêque d'Evreux, mourut à Cherbourg et fut inhumé dans le chœur de l'église paroissiale. On mit sur sa tombe une épitaphe qu'on y a vue pendant plus de deux siècles.

—◦)HiHIC◦—

9

LXVI

JEAN V

(HÉBERGE).

1473—1479.

On lit dans les registres du Vatican à la date du 15 des calendes de décembre 1473, qu'à la mort de Pierre Turpin fut élu évêque d'Evreux Jean Héberge, ami et conseiller de Louis XI et chanoine de Cambrai et de Chartres. En 1474, Jean V Héberge fut envoyé avec le seigneur de Curton à l'entrevue qui eut lieu à Bouvines entre le roi et le duc de Bourgogne. Philippe de Comines le nomme en 1475 comme orateur (commissaire) du roi de France et comme plénipotentiaire ayant conclu le traité de paix entre la France et l'Angleterre.

Jean Héberge ne prit possession de l'église d'Evreux en personne que le 3 août 1477, et dès le 23 du même mois il se mit à visiter son diocèse. Il assista au concile d'Orléans en 1478 et mourut le 28 août 1479 à Paris, où il fut enterré dans la chapelle souterraine de Sainte-Marie, à Saint-Victor; on n'y peut plus lire son épitaphe.

Suivant les registres du Vatican, 6 des calendes de novembre 1479, Guillaume de Clagny, évêque d'Evreux, fut transféré de ce siège à celui de Poitiers. Ce serait encore un évêque nommé au siège d'Evreux, mais qui n'aurait pas pris possession ; Guillaume de Clagny ne saurait donc être compté dans le catalogue de nos évêques.

RAOUL V

(DU FOU).

1479—1511.

Raoul du Fou, noble breton, frère de Jean et Yves conseillers et chambellans de Louis XI, et abbé de Saint-Thierry (Theodoricus) de Reims, fut d'abord élu et confirmé évêque de Périgueux par le souverain-pontife, le 6 des ides de juin (8 juin) 1468. Le 6 juillet 1470, il fut transféré au siége d'Angoulême, et le 13 novembre 1470, à celui d'Evreux.

Le 11 août 1460, Raoul du Fou, évêque d'Evreux, fut envoyé par le roi avec l'archevêque de Bordeaux et les évêques de Lisieux et de Saint-Paul au-devant du cardinal Julien, légat apostolique, pour lui signifier les libertés et priviléges du roi et du royaume. En 1493, le 8 juillet, il siégeait au Parlement de Paris. En 1498, il assista aux funérailles de Charles VIII et à l'entrée de Louis XII à Paris. La même année, Raoul, donné pour coadjuteur à Georges d'Amboise fait gouverneur de la Normandie, prit pour vicaire-général le franciscain Don Martin d'Orgis qui arriva à Evreux en 1500, et mourut en 1509.

Le 1er juin 1506, Raoul du Fou prêta serment en qualité de commendataire de S. Taurin. Aussi, doit-on s'étonner de lire dans le registre d'Alexandre VI que Jean Caphurius, qui a suivi pendant plusieurs années la cour de Rome comme prêtre, fut élu évêque d'Evreux le 17 des calendes de janvier de l'an 1500.

Raoul mourut le 2 février 1511. Son tombeau est au milieu du chœur de la cathédrale, recouvert d'une table d'airain portant une épitaphe dans laquelle on lit qu'il a administré le diocèse pendant 32 ans.

C'est pendant l'épiscopat de Raoul V que fut fondée l'église collégiale du château de Gaillon par Georges d'Amboise, archevêque de Rouen, avec lequel il était fort lié. Il restaura en entier l'évêché et les églises d'Evreux qui presque toutes menaçaient ruine. Raoul du Fou, qui était abbé commendataire de Saint-Taurin et de plusieurs autres abbayes, était aussi prieur de Coudres.

LXVIII.

AMBROISE

(LE VENEUR).

1511—1536.

A Raoul V succéda par élection Ambroise-le-Veneur, fils de Philippe baron de Tillières et de Marie Blosset, et frère du cardinal Jean-le-Veneur, évêque de Lisieux, et de Gabriel-le-Veneur, doyen de Lisieux. Il avait été chanoine de Paris et il était chanoine et archidiacre de Lisieux et doyen d'Evreux, lorsqu'il fut élu par le chapitre d'Evreux en 1511, puis confirmé par le chapitre de Rouen, (le siége métropolitain étant vacant), et avec la faculté de se faire sacrer par quelqu'évêque que ce fût.

Ambroise-le-Veneur, 68e évêque d'Evreux en 1511, fut le dernier évêque d'Evreux élu par le chapitre, le concordat étant survenu pendant son épiscopat (1).

Après une querelle avec le chapitre au sujet du serment qu'il refusait et auquel les nouveaux évêques étaient tenus, Ambroise prit possession de son église en 1513.

Ambroise embellit par de nouvelles constructions la maison de campagne des évêques, appelée le Château de Condé, et la demeure du doyen. Pour suffragants ou vicaires-généraux Il eut deux grands dignitaires : Fr. Toussain, d'autres disent Etienne Varin de l'ordre des Ermites de S. Augustin, archevêque de Thessalonique, et Nicolas de Coquinvilliers, évêque *in partibus infidelium*.

Le 18 août 1531, Ambroise assista dans l'église de Rouen aux funérailles de Louis de Brezé, sénéchal de Normandie. La même année il se démit de l'épiscopat en faveur de son petit-neveu Gabriel-le-Veneur. En effet, dans un acte autographe daté du 22 juillet 1533, il se dit « naguère évêque d'Evreux et actuellement vicaire-général

(1) Le concordat signé par Léon X et François Ier, à Bologne, 18 août 1516.

irrévocable de l'évêché d'Evreux pour le spirituel et le temporel, ayant pleine autorité pour disposer de tout et chaque bénéfice et office appartenant audit évêché, etc. » Il était abbé commendataire de l'abbaye de Lyre.

Ambroise-le-Veneur mourut le 23 septembre 1536 (1). Il est enterré dans le chœur de la cathédrale.

C'est à Ambroise-le-Veneur, évêque d'Evreux, que Guillaume Pépin de l'ordre de S. Dominique dédia en 1513 son Rosaire-d'or-mystique.

(1) Les évêques d'Avranches, de Sées, de Thessalonique et les abbés de la Croix-St-Leufroy, de la Noë et de l'Estrée, accompagnèrent son corps au jour des funérailles. F. Thomas Laurentii, jacobin d'Evreux, surnommé *Langue d'or*, qui plus tard devint inquisiteur-général pour la province de Normandie, fit l'oraison funèbre de ce prélat, « laquelle, dit un manuscrit, tira des sanglots et des larmes de tous les assistants. »

GABRIEL

(LE VENEUR).

1531—1574.

Gabriel-le-Veneur était fils de Jean neveu d'Ambroise et de Gilonne de Montejean, sœur de Réné, maréchal de France. Il était frère de Tanneguy, premier comte de Til-lières.

Gabriel-le-Veneur est le premier évêque d'Evreux qui fut désigné par le Roi aux termes du concordat fait entre Léon X et François 1er. La proposition de Gabriel pour le siége d'Evreux fut adressée par le Roi au souverain-pontife le dernier jour de décembre 1531. Mais comme le candidat n'avait encore que quatorze ans, il ne put obtenir la bulle apostolique. Sur une nouvelle lettre du Roi datée du 20 juillet 1532, le pape Clément VII adressa à ce sujet au cardinal Jean-le-Veneur, grand-oncle de Gabriel, une lettre datée du 15 septembre 1532.

Cependant en cette même année, la neuvième de son pontificat, Clément VII créa Gabriel évêque de Thessalonique (1) et administrateur de l'église d'Evreux, en lui adjoignant comme suffragants pour l'exercice des fonctions épiscopales Ambroise et Jean ses grands-oncles. Le 24 décembre de la même année, Gabriel prêta serment à l'église d'Evreux par procureur; mais il n'obtint la consécration que le 19 janvier 1549, et le 2 mars suivant il commença à jouir de toute l'autorité épiscopale.

Gabriel se trouva cette année-là au couronnement de la reine Catherine de Médicis, comme assistant du cardinal de Bourbon qui faisait la cérémonie. Le 2 juillet suivant, il siégeait au Parlement de Paris.

Gabriel se rendit en 1562 au concile de Trente avec

___

(1) M. Chemin, dans ses notes manuscrites sur Le Brasseur, prétend qu'Ambroise n'a jamais été évêque de Thessalonique, et qu'il a été élu par le chapitre sur la démission de son oncle. } Cert vrai

deux théologiens célèbres, Claude de Saintes et Simon Vigor, et il s'y fit remarquer parmi les plus grands prélats de la France.

Gabriel-le-Veneur donna beaucoup à sa cathédrale, et entre autres choses la grosse cloche qu'on nomma depuis la *Gabrielle* et l'orgue. L'édifice avait souffert d'un incendie, il le répara et décora le portail où l'on voit encore ses armes et celles d'Ambroise, son oncle; il bâtit dans la nef plusieurs chapelles.

C'est pendant les premières années de l'épiscopat de Gabriel que François Ier institua un tribunal de l'inquisition pour toute la Normandie, à Évreux, dans le couvent des Dominicains, le 17 septembre 1540 ; cette institution n'eut point de durée. Pendant son épiscopat aussi le Calvinisme pénétra dans la ville, qui fut assiégée par les réformés et sauvée comme miraculeusement le 5 février 1562. Le prieuré de S. Nicolas des Lépreux fut réuni à l'hospice d'Évreux et les revenus du prieuré de S. Jacques de l'Hôpital furent attribués partie à la subsistance des pauvres, partie à la rétribution du recteur et des maîtres du collége d'Évreux.

Gabriel-le-Veneur, évêque d'Évreux, chancelier de l'ordre royal de S. Michel et abbé commendataire de S. Taurin, de Lyre, de S. Evroult et de Jumiéges, mourut le

16 mai 1574 (1) dans le château de Tillières, d'où son corps fut rapporté à Saint-Taurin, puis enterré dans le chœur de la cathédrale par Simon Vigor, archevêque de Narbonne (2).

(1) L'historien le Brasseur fait remarquer que la première traduction française des réflexions politiques de Machiavel sur la première décade de Tite-Live, fut dédiée à cet évêque.

Jean Hucher, docteur, originaire de Verneuil, lui dédia aussi une édition de St-Jean-Chrysostome traduite sur le grec. Hucher, dans sa dédicace, relève beaucoup le mérite d'Ambroise-le-Veneur, évêque d'Evreux, et celui de Jean-le-Veneur, cardinal évêque de Lisieux, grand aumônier de France et oncle de Gabriel.

(2) Voir dans le *Courrier de l'Eure* du 15 avril 1841, l'extrait d'une chronique contemporaine relatant les obsèques de messire Gabriel-le-Veneur.

LXX

CLAUDE

(DE SAINTES).

1575—1591.

Claude du Perche ou de Saintes entra en 1540 dans une communauté de chanoines réguliers de S. Augustin , au diocèse de Chartres. Dans sa jeunesse il montra peu de goût pour les lettres et y fit fort peu de progrès. Dans la suite il s'appliqua à l'étude de la théologie avec tant de zèle et de succès , qu'il devint un théologien des plus distingués et des plus féconds, ainsi que le témoignent encore

ses nombreux écrits (1). Lauréat dans la maison royale
de Navarre en 1555, il fut ensuite curé de la paroisse de
Belleville dans le diocèse de Chartres, puis recteur du
collège de Boissy à Paris, en 1561. Les gens instruits
avaient conçu de lui une si haute opinion, que le cardinal
de Lorraine le recommanda à la reine-mère et que cette
princesse l'envoya en 1561 au colloque de Poissy. Peu de
temps après, l'Université de Paris le délégua avec un
autre théologien distingué, Simon Vigor, au concile de
Trente où il se fit remarquer parmi les plus habiles. De

(1) Claude de Sainctes, comme dit Theret dans sa Cosmo-
graphie, liv. XV, était grand grec, subtil disputeur et escrivant
doctement, comme tesmoignent plusieurs œuvres qu'il a mis
en lumière.

Voici celles qu'il fit quand il occupait le siége d'Evreux :

— Statuta synodalia diœcesis Ebroicensis, anno 1576. Paris,
1576, in-4°.

— Missale Ebroicense, juxta decretum Tridentini Concilii
generalis, Rothom. provincialis. Rothomagi, 1583, in-f°.

— Bref advertissement de Mgr l'évêque d'Evreux à ses
diocésains contre un prétendu arrêt donné à Caen, le 28 mars
dernier, par lequel il appert de l'introduction et établissement
en France du schisme, hérésie et tyrannie d'Angleterre, etc.
Paris, 1591, in-8°.

— Le Concile provincial des diocèses de Normandie, l'an
1581; les statuts des séminaires; le tout mis en français.
Rouen, 1606, in-12.

retour en France, il exerça sa plume à défendre le catholicisme (1).

Enfin, Claude de Saintes fut nommé évêque d'Evreux en 1575 et prit possession le 27 novembre, reçu par les moines de S. Taurin.

En 1576 il siégeait aux Etats de Blois. La même année il institua la confrérie du Saint-Sacrement à Louviers (2) pour réparer le scandale qui avait été donné dans cette ville le jour de Pâques.

En 1581, Claude assista au concile de Rouen, dont il rédigea les actes en latin et en français, de même qu'il publia les statuts de son diocèse avec un nouveau bréviaire et un nouveau rituel. C'est lui qui institua la fête (double) de S. Etern, le 16 juillet. Il visita en 1582 les reliques de S. Taurin et de S. Laud et bénit les châsses qui les renferment. En 1585, il fixa au 2 septembre la fête de la dédicace de toutes les églises du diocèse; et le 17 octobre

(1) On peut voir dans la Biographie de Michaut l'indication des ouvrages qu'il a écrits contre les schismatiques et les hérétiques de son temps.

(2) Le Brasseur dit à Evreux (v. p. 351), « à l'occasion d'un grand scandale arrivé le jour de Pâques, dans l'église cathédrale. » Nous penchons pour cette dernière version.

de la même année, il obtint de l'inquisition de pouvoir absoudre quelques hérétiques.

Le maréchal Biron étant venu assiéger Evreux en 1591, Claude s'enfuit et se retira à Louviers. Mais le 5 juin suivant, Henri IV, roi de France, s'étant emparé de Louviers, Claude tomba en son pouvoir et fut envoyé à Caen, où siégeait alors la cour suprême de Normandie, pour y être jugé et condamné à mort; car on avait trouvé dans ses papiers un écrit dans lequel il approuvait l'assassinat de Henri III et prétendait qu'il était licite de tuer le successeur de ce prince. Toutefois le roi se laissa vaincre par les prières du cardinal de Bourbon et de plusieurs évêques, et consentit à la commutation de la peine de mort en une détention perpétuelle.

Claude de Saintes fut donc emmené, puis incarcéré dans le château de Crèvecœur, au diocèse de Lisieux. Il y mourut à l'âge de 65 ans, en 1591, empoisonné par les hérétiques, ou, comme on l'a cru, par son neveu qui craignait quelque chose de plus odieux. Peut-être aussi, et bien d'autres le pensent, a-t-il succombé à une mort naturelle. On l'enterra au mois de septembre 1596 dans la cathédrale d'Evreux, au côté gauche du chœur, près du maître-autel.

10

Claude de Saintes a laissé de nombreux monuments de sa piété et de son génie, qui sont connus de toute l'église et parmi lesquels il faut distinguer son grand ouvrage en dix livres sur l'Eucharistie.

LXXI

JACQUES I.

(DAVY-DU-PERRON.)

1555—1606.

Voici venir l'homme le plus célèbre de son temps, lumière éclatante de l'église gallicane, qui dissipa les ténèbres et la nuit de l'hérésie, le cardinal Davy Du Perron.

Né en Basse-Normandie, à Saint-Lô, de la maison des Du Perron de Créteville et de Languerville, Jacques eut pour mère Ursine le Cointe et pour père Julien Du Perron. Celui-ci d'abord réfugié à Genève, parce qu'il était protestant, y exerça quelque temps la médecine et cultiva les

Non lettres. De Genève il passa à Berne; c'est là que naquit Jacques son fils, le 25 novembre 1556.

Doué des plus belles qualités du corps et de l'esprit, Jacques Du Perron apprit d'abord, sous la direction de son père, la langue latine et les mathématiques; à peine âgé de dix ans, il se mit à étudier seul le grec, puis à écrire en vers français. Enfin il s'appliqua avec succès à l'étude des Péripatéticiens.

Philippe Desportes, abbé de Tiron, plein d'admiration pour les talents et la haute capacité du jeune Du Perron, le produisit à la cour de Henri III qui conçut pour lui beaucoup d'estime. Ceci conduisit Jacques à abjurer la religion protestante dans laquelle il avait été élevé. Ses études se tournèrent alors vers la théologie scholastique et les Pères de l'église. Ensuite il entra dans les ordres ecclésiastiques. Dès ce moment il se distingua par la force de son esprit et la profondeur de ses connaissances, dans des discussions contre les hérétiques, dans la poésie et l'éloquence.

A la mort de Henri III, il s'attacha au cardinal de Bourbon et, lors du siége de Rouen, il alla saluer Henri IV qui, charmé de sa conversation et de son esprit, l'employa dans des affaires importantes. La défense du catholicisme soutenue à Mantes par Du Perron contre les protestants ne contribua pas médiocrement à la conversion du roi. C'est par son conseil que Henri IV provoqua une réunion d'évèques, afin de s'éclairer lui-même avant de se déterminer à abjurer la religion réformée; et c'est alors que ce prince, voulant que Du Perron tînt un rang convenable parmi ces grands personnages réunis, le désigna évêque d'Evreux (juillet 1593).

Henri IV abjura dans l'église de Saint-Denis, le jeudi 22 juillet 1593. Mais restait à obtenir l'absolution du pape, et l'influence de Philippe II d'Espagne rendait la chose si difficile que les envoyés du roi de France ne furent pas même écoutés d'abord. Enfin Du Perron, évêque d'Evreux, fut chargé de cette mission avec le duc de Nevers et l'évêque du Mans et il aplanit toutes les difficultés. Alors Du Perron et d'Ossat, représentants d'Henri IV, humiliés et prosternés à la porte de l'église de Saint-Pierre, reçurent l'absolution pour le roi et le dégagèrent ainsi des liens de l'hérésie.

Le pape Clément VIII plein d'admiration pour Du Perron, lui remit l'anneau épiscopal, en consistoire, le 16 décembre 1595. Le 27 du même mois, Du Perron fut sacré évêque d'Evreux, à Rome, dans l'église Saint-Louis par le cardinal de Joyeuse, archevêque de Rouen. Il quitta Rome le 28 mars 1596 et prit possession de son église le

8 juillet suivant par l'archidiacre Jean Deschamps, son procureur; lui-même arriva à la fin du mois. A partir de ce moment il adressa plusieurs lettres aux ministres du roi pour le soulagement de l'église d'Evreux qui avait été pendant neuf ans sans pasteur (1).

Cependant Philippe de Mornay ayant publié son livre sur l'Eucharistie, Du Perron déclara qu'il voulait relever les nombreuses erreurs contenues dans ce livre, et il provoqua le célèbre colloque de Fontainebleau où il remporta sur Mornay un triomphe complet, en l'an 1600.

Du Perron, évêque d'Evreux, fut après cela chargé d'instruire dans la religion catholique Catherine de Navarre, sœur du roi Henri IV.

Au milieu de ces occupations diverses, l'évêque d'Evreux toujours actif, toujours infatigable, ne laissait pas de prodiguer à son troupeau la semence de la parole évangélique (2) et de multiplier les écrits contre les réformés. Tant de

(1) Les lettres se trouvent dans les *Ambassades* et *Négociations* de cet évêque, publiées à Paris, en 1633, en 1 vol. in-fo.

(2) Il fit pour son diocèse un Rituel, dans lequel il ordonna qu'on suivît, pour la règle de la pénitence, les décisions de la fameuse bulle, *in cœna Domini*, ce qui, comme le fait observer l'historien Le Brasseur, est tout à fait contraire aux saintes libertés de l'église et ce qu'on a rejeté de France avec une fermeté invariable. — En 1602 il travailla lui-même à une

combats le couronnèrent enfin du chapeau rouge. A la demande de Henri IV, le pape Clément VIII accorda à Jacques Davy Du Perron le chapeau de cardinal le 17 septembre 1603 et le titre de Sainte-Agnès le 9 juin 1604. Après avoir assisté au congrès convoqué par Clément VIII et rappelé en 1605 par Paul V, successeur de Clément, le cardinal Du Perron quitta Rome pour rentrer en France. L'archevêché de Sens étant venu à vaquer, Du Perron fut placé dans ce siège métropolitain et fait grand-aumônier de France au mois d'octobre 1606 (1).

Dès-lors Du Perron n'appartient plus au diocèse d'Evreux.

nouvelle édition du Bréviaire d'Evreux, dont l'impression fut achevée en 1604. Ce Bréviaire est très-défectueux.

M. de Burigny, de l'Académie des inscriptions et belles-lettres, a donné une vie du cardinal Du Perron, publiée en 1768 en 1 vol. in-12, chez Debure père.

On peut voir son portrait dans les hommes illustrés de Perrault. Dans les *Ambassades* et *Négociations* de ce cardinal, publiées par son secrétaire en 1 vol. in-f°, on trouve beaucoup de ses lettres écrites lorsqu'il était évêque d'Evreux.

(1) Cet évêque a beaucoup écrit. Il serait difficile ici de donner la nomenclature de ses œuvres; nous nous bornerons à citer une publication qui les renferme toutes, intitulée les diverses œuvres du cardinal Du Perron, contenant plusieurs livres, conférences, discours, harangues, lettres d'états et autres, traductions, poésies, etc....

Paris, ant. Etienne, 1622, in-f°.

LXXII

GUILLAUME VI

(DE PÉRICARD).

1608—1613.

Guillaume de Péricard, né en Normandie d'une famille de robe, conseiller au Parlement de Normandie, chanoine, chantre, puis doyen de la cathédrale de Rouen, vicaire-général de l'archevêque et commendataire de l'abbaye de Saint-Taurin, permuta avec Jacques Du Perron et devint évêque d'Évreux. Il prit possession par procureur le 15 septembre 1608 et fit son entrée solennelle le dimanche 12

1

octobre 1609. Aussitôt il s'occupa de restaurer le couvent des religieuses de S. Sauveur (1). En 1612, un an avant la fondation des Capucins (2), il prit un coadjuteur. Guillaume VI mourut le 26 novembre 1613, fut porté à Saint-Taurin, puis inhumé dans le chœur de la cathédrale.

(1) Il publia en 1610 un missel qu'il avait rédigé, et qui fut approuvé par le pape Clément VIII.

(2) Cette fondation eut lieu en 1613, le 5 avril, jour où Guillaume VI planta la croix sur le terrain accordé aux capucins, et ce ne fut que le 22 avril de l'année suivante que François de Péricard, neveu de Guillaume, bénit la première pierre posée par le gouverneur et les échevins de la ville.

LXXIII

FRANÇOIS

(DE PÉRICARD).

1613—1646.

François de Péricard, fils de Jean de Péricard, procureur au Parlement de Rouen et frère des évêques d'Avranches et d'Evreux, était maître des requêtes, chanoine et doyen de Rouen, lorsqu'il fut donné pour coadjuteur à Guillaume VI son oncle, avec le titre d'évêque de Tarse ; il fut inauguré au mois de décembre 1612 et rendit en cette qualité ses premiers devoirs à l'église d'Evreux le 13 novembre 1613. Dès le 4 décembre suivant, son oncle était mort, François était évêque d'Evreux et prenait possession. Il fit son entrée dans la cathédrale le 26 janvier 1614, conduit par les moines de Saint-Taurin.

Le 16 mai suivant, il tint un synode dans lequel il arrêta des statuts pour les curés, vicaires et prêtres du diocèse(1). François de Péricard approuva en 1623 la fondation d'un couvent d'Ursulines à Evreux par Jean le Jau, vicaire de la cathédrale; en 1635, la fondation du prieuré de Pont-de-l'Arche; et, en 1638, celle du prieuré des religieuses du Neubourg. Le 29 mai 1636, il fit la dédicace de l'église des Capucins de Vernon et celle de la chapelle de S. Barnabé dans l'église Notre-Dame de Vernon. Par lettres des 13 et 27 avril 1639, François de Péricard donna plus d'extension au culte de S. Adjutor dans le diocèse.

En 1641, l'évêque d'Evreux député par la province aux Etats de Mantes, y prit avec tant de chaleur la défense du clergé de France, que le roi Louis XIII lui ordonna de se retirer dans son diocèse. Cependant le roi reconnut la

(1) Il prononça dans l'abbaye de Saint-Nicolas-de-Verneuil, le 15 mars 1634, l'oraison funèbre de Mme de Medavy, comtesse de Grancey, mère de Mme Scholastique de Medavy, abbesse de Saint-Nicolas-de-Verneuil. Cette oraison a été imprimée à Evreux, 1634, in-4°.

vérité des paroles de l'évêque et lui rendit ses bonnes grâces.

Les religieuses de S. François admises à Louviers en 1622 et bientôt après regardées comme possédées du démon, furent l'objet de toute la sollicitude] de [François depuis l'an 1643 jusqu'à sa mort.

On doit en grande partie aux soins et à la munificence de François de Péricard la fondation du couvent de S. Nicolas à Verneuil, en faveur des Bénédictines.

A la prière de Jacques Le Noël, abbé de S. Taurin, François de Péricard admit le 2 mars 1642 des moines de la congrégation de S. Maur pour rétablir dans le couvent de S. Taurin la discipline monastique.

François mourut à Paris le 21 juillet 1646. Jacques, son successeur désigné, rapporta son corps à Saint-Taurin le 18 novembre et l'enterra le lendemain 19 dans la cathédrale d'Evreux, à droite du maître-autel (1). Son cœur est enterré dans l'église Saint-Nicolas de Verneuil.

(1) On peut voir dans le *Journal de l'Eure*, année 1841, r.o 45, le détail que nous avons donné des funérailles de cet évêque.

LXXIV

JACQUES II

(LE NOËL DU PERRON).

1646—1649.

Jacques Le Noël Du Perron était fils de Robert Le Noël, seigneur de Groucy et de Marie Davy, sœur du cardinal Du Perron dont il ajouta le nom au sien.

Abbé de S. Taurin et de Lyre, il fut transféré, après la mort de François, du siége d'Angoulème à celui d'Evreux par le roi et sur la recommandation de la reine d'Angleterre dont il était le grand aumônier, le 30 août 1646.

Jacques prêta serment au roi le 13 octobre 1648 à Saint-
Germain-en-Laye, prit possession de son église le 26 du
même mois par Jean de Lamarre, son procureur et fit son
entrée solennelle le 15 novembre suivant, conduit par les
moines de S. Taurin, auxquels il donna cinquante-six écus
d'or comme l'équivalent d'un cheval et d'un anneau d'or,
parce qu'il était entré à pieds. Pour son joyeux avènc-
ment, Jacques II donna à la cathédrale une chapelle d'argent ciselé consistant en une croix et six candélabres
dont on a fait usage dans les grandes solennités. Il eût
donné plus sans doute ; mais des troubles domestiques
ayant éclaté dans la ville, il voulut s'enfuir. Les bourgeois, qui le regardaient comme leur sauvegarde, l'arrê-
tèrent aux portes de la ville et le reconduisirent à son
palais épiscopal, où il mourut de chagrin le 17 février
1649. A cause des troubles, le corps de Jacques Le Noël
ne fut pas porté à Saint-Taurin. Il est enterré dans le
chœur de la cathédrale devant le maître-autel. Comme
il en avait exprimé le désir dans son testament, son
cœur a été porté à Paris dans l'église S. Louis des Jésuites, où il est déposé auprès de ceux du cardinal Du
Perron et de Jean son frère, morts tous deux archevêques
de Sens.

GILLES ou EGIDIUS II

(BOUTAULT).

1649—1661.

Egidius ou Gilles Boutault fut transféré du siége d'Aire (Landes) à celui d'Evreux, les uns disent au mois de février, les autres le 17 avril 1649. C'est le pape Innocent qui lui délivra les bulles. Après avoir prêté serment à l'église romaine le 15 février 1650 à Paris, il prit possession par Jean de Beaumesnil, son procureur, le 18 du même mois et, en personne, le 5 avril suivant.

Aussitôt il réunit le clergé de son diocèse et publia ses statuts. Gilles Boutault ou Egidius II fut un des deux prélats délégués par le roi en 1654 pour soutenir dans le sacré consistoire les intérêts du clergé. La juridiction des évêques, la discipline ecclésiastique, les priviléges et immunités de l'église suivaient une décadence rapide dans le diocèse; Gilles Boutault voulut y porter remède et de là naquit entre l'évêque et le chapitre une lutte fâcheuse qui ne finit qu'en 1658.

Il célébra à Elbeuf les funérailles de Henri de Lorraine, duc d'Elbeuf, mort à Paris en 1657 et dont le corps fut ensuite transporté à l'église de S. Louis de la Saussale. En 1658 il inhuma la duchesse de Bouillon à côté de son époux dans le chœur de l'église de S. Taurin.

Après avoir réfuté en 1659 l'apologie des casuistes, assisté en 1660 au synode de Pontoise et souscrit aux bulles d'Innocent X et d'Alexandre VII, Egidius II ou Gilles Boutault mourut âgé de 68 ans, à Paris, le 11 mars 1661. Son corps fut rapporté à Saint-Taurin d'Evreux, le 14 et enterré le 15 dans le tombeau des évêques(1). N. l'Es-

(1) Il s'éleva plusieurs difficultés à l'occasion des funérailles de Gilles Boutault ; les chanoines, pour raison de salubrité, voulaient enterrer leur évêque sans observer les cérémonies d'usage. Les religieux de Saint-Taurin s'y opposèrent, prétendant

calopier, orateur ordinaire du roi, prononça son éloge funèbre.

que c'était porter préjudice à leurs droits. Après bien des débats, les chanoines cédèrent, mais toutefois ce ne fut pas sans blesser en quelque point les formalités habituelles. Le droit de préséance surtout fut vivement disputé, et cela froissa beaucoup l'amour-propre des membres du chapitre qui, dans cette circonstance, eurent le dessous.

11

LXXVI.

HENRI

(DE MAUPAS-DU-TOUR).

1661—1680.

Henri Cauchon de Maupas-du-Tour administra pendant dix ans, tant au spirituel qu'au temporel, le diocèse de Reims en qualité de vicaire-général. Devenu ensuite le premier aumônier de la reine Anne d'Autriche, il fut promu par le roi en 1641 au siége épiscopal du Puy et transféré à celui d'Évreux, le 1er juillet 1661.

La même année, Henri, évêque d'Évreux, partit pour

Rome avec l'évêque de Soissons par ordre du roi et comme
délégué du clergé de France pour obtenir la canonisation
de François-de-Sales (1).

Ce n'est qu'en 1664, le 19 mai, que Henri prit possession de sa nouvelle église par procureur et il ne le fit
que malgré lui et presque sur un ordre formel du souverain-pontife Alexandre VII. Il prêta serment au roi en
qualité d'évêque d'Evreux, le 7 août 1665.

Le 14 janvier 1667, Henri fonda le séminaire d'Evreux
comme il avait fondé celui du Puy (2).

Au mois de février de l'an 1680, Henri dans sa quatre-
vingtième année fit cession de son évêché en faveur de

---

(1) J.-B. Thiers, dans son histoire des Perruques, raconte
l'anecdote suivante : « Etant évêque du Puy, il fut député à
Rome, par les religieuses de la Visitation, avec M. de Boulon,
évêque de Soissons (pour y sollicite la canonisation de saint
François de Sales); il avait fait alors la vie de ce nouveau saint
qu'il avait dédiée à Alexandre VII. A la première page, il y
avait une estampe où il était représenté lui-même à genoux,
offrant son livre à ce souverain pontife ; mais comme dans
cette estampe il avait une calotte sur la tête, il y eut du bruit
à cet égard. Cependant cette affaire n'eut point de mauvaises
suites, et Alexandre permit que le livre lui fût présenté. »

(2) C'est M. le Doulx de Melleville, doyen de l'église d'E-
vreux, qui fit tous les frais de cet établissement, dont il doit
être regardé comme le fondateur réel. Ce séminaire était

Joseph de Monteil. Au mois d'août suivant, comme il re-
venait de prêcher encore le peuple dans un bourg peu
éloigné d'Evreux (1), les quatre chevaux attelés à sa voiture
s'emportèrent; il voulut s'élancer, tomba et eut tout le
corps meurtri par sa chute et par les roues. On le releva
sans connaissance; deux jours après il était mort, le 12
août 1680. On l'enterra dans la cathédrale d'Evreux.

Henri de Maupas s'est fait remarquer par sa piété, son
zèle pour le salut des âmes, ses vertus, son instruction,
un grand amour des pauvres. Il a fondé dans sa cathédrale d'Evreux la fête de S. François de Sales et enrichi
de ses dons la chapelle des Martyrs (2).

₄ Henri de Maupas chargé d'années avait fait cession
de son évêché en faveur de Joseph-Adhémar de Monteil

gouverné par des missionnaires Eudistes. On y conservait
une des chasubles et une mule de S. François de Sales, rappor-
tées de Rome par H. de Maupas.

(1) Au village de Melleville. C'est en descendant la côte rapide
du Buisson-Hocpin que les chevaux prirent le mors-aux-dents.

(2) Henri de Maupas a publié, étant évêque du Puy, *la Vie
de vénérable mère Jeanne-Françoise Fremiot, fondatrice, première mère et religieuse de l'ordre de la Visitation de Sainte-
Marie*, qu'il dédia à la reine régente dont il était le premier
aumônier. — L'autel de S. François de Sales, fondé par Henri
de Maupas, faisait face à la porte de la grande sacristie.

de Grignan, procureur général du clergé de France. Le roi avait désigné pour le siége d'Evreux Joseph de Monteil, le 23 février 1680. Mais les bulles n'ayant pas été obtenues, Joseph de Monteil fut transféré dans le mois de mai au siége de Carcassonne.

Ils étaient obtenues

JACQUES III

(POTIER DE NOVION).

1681—1709.

Jacques Potier de Novion était le second fils de Nicolas Potier, seigneur de Novion, Villebon, Grignan, etc., et premier président au Parlement de Paris.

D'abord évêque de Sisteron, Jacques fut transféré au siége de Fréjus, puis nommé par le roi à celui d'Evreux,

au mois de mai 1681 ; il prit possession le 16 mai 1682 (1).
Il assista par procureur à la réunion des évêques de la province qui eut lieu à Gaillon en 1699, et il mourut dans son diocèse le 14 octobre 1709, à l'âge de 62 ans. Il est enterré à gauche du chœur, dans sa cathédrale d'Evreux.

** Gaston-Armand Sublet de Heudicourt, fils de Michel marquis de Heudicourt et de Bonne de Pons, vicaire général de l'archevêque de Rouen à Pontoise, fut nommé évêque d'Evreux par le roi le 1er novembre 1709, après la mort de Jacques. Il mourut à Rouen le 10 février 1710 avant d'avoir obtenu les bulles et fut enterré dans l'église de Heudicourt.

(1) C'est sous son épiscopat que fut reconstruite l'église des Capucins d'Evreux. Jacques Potier fit quelque difficulté pour consacrer cette église dont l'autel et le chœur, contrairement à l'ancienne discipline et aux règles de l'église, étaient tournés vers l'Occident.

LXXVIII

JEAN VI

(LE-NORMAND).

1710—1733.

C'est par son mérite propre que Jean Le-Normand, né à Orléans en 1662, s'éleva aux dignités ecclésiastiques. Entré au collège de Sorbonne en 1683, il obtint le grade de docteur en 1686. Après avoir passé par diverses charges, il était en 1705 désigné comme procureur du clergé de France et en 1710 la province de Paris le délégua à l'assemblée générale du clergé.

A cette époque Gaston-Armand étant mort, le roi nomma Jean Le-Normand évêque d'Evreux, le 12 juillet 1710. Le cardinal Antoine de Noailles, archevêque de Paris, le sacra dans l'église de la Sorbonne le 21 décembre. Le 29 du même mois, il prit possession par son procureur Nicolas Petit de Captot, chantre de l'église d'Evreux, et en personne le 1er avril 1711. En 1716 il supprima plusieurs fêtes incommodes pour tous et inobservées par le plus grand nombre. Jean Le-Normand mourut dans son diocèse le 7 mai 1733, à l'âge de 78 ans (1).

(1) Cet évêque possédait une très-riche bibliothèque, dont il voulait disposer en faveur du chapitre d'Evreux, mais il ne put régulariser avant sa mort cette donation, qui donna lieu à un long procès que les chanoines perdirent.

LXXIX

PIERRE

(DE ROCHECHOUART).

1733.—1753.

Pierre-Jules-César de Rochechouart, fils de Louis, seigneur de · Montigny, du Monceau, etc. et d'Elisabeth de
Cugnac, prieur de S. Laud de Rouen et vicaire-général
du diocèse d'Orléans, fut nommé évêque d'Evreux par le
roi au commencement de septembre 1733 et préconisé à
Rome le 2 décembre de la même année. Il fut inauguré à
Paris dans l'église du noviciat des Jésuites par l'arche-

vêque de Rouen assisté des évêques, de Coutances et de
Metz, le 21 mars et, quatre jours après, le 25 mars 1734,
il prêta serment au roi et donna procuration à M⁰
Aleaume, grand-chantre, de prendre possession en son
nom de l'évêché d'Evreux. Le 18 août 1753, Pierre de
Rochechouart fut transféré au siége de Bayeux.

C'est Pierre qui supprima les moines de Saint-Leufroy
qui n'étaient plus qu'en très-petit nombre. Il forma un
petit séminaire à Evreux, cloîtra les Ursulines et reçut
des Sœurs de la Providence en 1749. Il fit un nouveau bréviaire, un nouveau rituel, et introduisit des changements
dans la liturgie.

LXXX

ARTUR-RICHARD

(DILON).

1753—1758.

Artur-Richard Dilon descend d'une maison très-ancienne originaire d'Irlande, dont une branche passa en France, où elle fut naturalisée en 1759. Il était vicaire-général de l'archevêque de Rouen à Pontoise , lorsque le roi le nomma évêque d'Evreux le 18 août 1753. Il fut préconisé à Rome le 26 septembre, sacré le 28 octobre, et prêta serment au roi à Versailles, le 17 décembre de la même année.

Artur-Richard Dilon fut transféré en 1758 au siége archiépiscopal de Narbonne.

LÉOPOLD-CHARLES

(DE CHOISEUL).

1758—1760.

Léopold-Charles de Choiseul, successeur d'Artur-Richard en 1758, fut transféré en 1760 à l'archevêché d'Alby. Il ne fit donc que paraître dans l'église d'Evreux sans avoir eu le temps d'y laisser de nombreux souvenirs.

LOUIS-ALBERT

(DE LEZAY-MARNESIA).

1760—1775.

A Léopold-Charles succéda en 1760 Louis-Albert de Lezay-Marnesia.

C'est Louis-Albert qui, en 1762, enrichit sa cathédrale des reliques de S. Taurin qu'il reçut du chapitre-noble de Gigny en Franche-Comté.

En 1764 il fit faire dans la chapelle de la Mère de Dieu un caveau destiné à la sépulture des évêques d'Evreux.

La première personne qui y fut déposée peu de temps après fut un officier, frère de l'évêque, et qui mourut à Evreux pendant une visite qu'il faisait à son frère.

Louis-Albert ne pouvant plus remplir ses fonctions à cause de ses infirmités, se démit de l'épiscopat en 1775; le roi lui donna une abbaye.

FRANÇOIS

(DE NARBONNE).

1775—1790.

Par suite de la démission de Louis-Albert, François de Narbonne, évêque de Gap, fut transféré de ce siége à celui d'Evreux dont il prit possession le 8 décembre 1775.

Un des premiers actes de François de Narbonne lui aliéna d'abord les populations; c'est la suppression, en 1776, d'un assez grand nombre de fêtes. Les moines de S. Taurin soutinrent même contre lui un procès au sujet de la fête de leur patron et fondateur, qu'ils célébraient le jour

12

même où elle tombait et que l'évêque voulait remettre au
dimanche suivant. Il força aussi les pères Capucins à porter des bas et des souliers.

En 1779, par les soins de François de Narbonne, une
taxe fut imposée sur les biens du clergé de tout le diocèse
d'Evreux pour l'exécution d'un projet de l'évêque. Ce
projet était de bâtir un grand séminaire nouveau, afin d'y
pouvoir recueillir tous les étudiants, qui étaient alors obli-
gés de prendre pension chez les bourgeois. Les travaux
de construction commencèrent en 1780, dans le jardin du
grand séminaire; au mois d'octobre 1785 on couvrait les
bâtiments. Pendant cette même année, François de Narbonne fit paver en marbre le chœur de la cathédrale (1).

Vers le même temps il proposa aux chanoines de prendre la mozette et la croix. Les chanoines ne prirent que
la mozette et refusèrent la croix, parce qu'adopter cette
dernière marque de distinction, c'était exclure du chapître
d'Evreux presque tous les prêtres du diocèse; il n'aurait
pu y entrer ensuite que des nobles.

(1) Ce fut à ce moment que disparurent ces nombreuses inscriptions tumulaires qui servaient de pavés à l'église : précieuses
pages de pierre qui rappelaient continuellement à la mémoire
des fidèles les mérites et les vertus de ceux qui reposaient depuis des siècles dans notre vénérable cathédrale.

Un autre projet de François de Narbonne souleva de vives réclamations dans le clergé d'Evreux et causa des désordres assez graves. En 1787, la ville étant divisée en huit paroisses et chacun des curés n'ayant pas un revenu suffisant, il voulut en réduire le nombre de moitié. Mais les paroisses supprimées refusèrent leur incorporation à une autre, et les paroisses conservées ne voulurent point admettre les autres. Les troubles se prolongèrent jusqu'à la révolution de 1789.

Le 22 décembre 1788, une école fut ouverte dans une salle du couvent des Dominicains pour les jeunes garçons de la ville et tenue par deux instituteurs d'Evreux. L'évêque avait affecté à la rémunération des deux maîtres les intérêts d'une somme de 25,000 livres placée par lui dans ce but chez un fabricant de coutil d'Evreux nommé Passot.

En 1790, François de Narbonne, évêque d'Evreux, ayant refusé de prêter le serment exigé par l'Assemblée Nationale au sujet de la constitution civile du clergé, sortit du royaume à la suite des Dames de France dont il était aumônier. Il mourut à Rome en 1792.

DE LA CONSTITUTION AU CONCORDAT.

ÉVÊQUES CONSTITUTIONNELS.

1791—1802.

Le clergé catholique ne reconnaît point comme légitimes les évêques ou prêtres qui ont prêté le serment de 1790. Les moindres indications sur les faits qui se sont accomplis pendant les douze années suivantes ne sont pourtant pas sans intérêt. Nous présentons donc sans commentaires les documents que nous avons pu nous procurer sur le passage de deux évêques constitutionnels dans le siége d'Evreux.

LXXXIV.

ROBERT-THOMAS

(LINDET).

1791—1793.

François de Narbonne, considéré comme démissionnaire en conséquence de son refus de prêter serment à la Constitution, fut remplacé le 15 février 1791 par Robert-Thomas Lindet, curé de Sainte-Croix de Bernay, premier évêque *constitutionnel* d'Evreux (1).

(1) On lit dans les registres municipaux de cette époque : « M. Lindet est proclamé par M. de Morsent, président de l'assemblée électorale , évêque du département de l'Eure. Cette proclamation reçut de vifs applaudissements. La messe solennelle en musique a été célébrée par M. le curé d'Andely. Pendant toute cette cérémonie, les cloches de toutes les paroisses ont sonné, le canon de la Tour de l'Horloge a tiré, et le carillon du beffroi s'est fait entendre tout le temps. »

Aux termes du décret de l'Assemblée Nationale, Robert-Thomas Lindet fut élu par l'assemblée électorale du département de l'Eure, confirmé, puis sacré, disent les documents de cette époque, par un évêque légitime, c'est-à-dire qui avait lui-même été revêtu de sa dignité avant la nouvelle constitution; c'était Talleyrand-Périgord, évêque d'Autun. Le 27 mars 1791, il prêta de nouveau solennellement, à la cathédrale, le serment civique prêté par lui lors de sa consécration. Le canon fut tiré et les cloches sonnèrent à cette occasion.

Dès le même jour, Robert-Thomas Lindet, évêque du département de l'Eure et membre de l'Assemblée Nationale (constituante), adressa à tous les fidèles du nouveau diocèse une lettre dans laquelle il expliquait la constitution nouvelle du clergé et le serment exigé, et il invitait tous les prêtres et fidèles du diocèse à se conformer aux lois de l'État et à prendre garde de causer, par des scrupules mal fondés et surtout par une résistance peu évangélique, des agitations et des troubles qui pourraient devenir nuisibles à la religion même (1).

Au mois de juillet suivant, lors de la fête nationale

(1) Evreux, 1791. Imprimerie de J.-J.-L. Ancelle, imprimeur de M. l'évêque du département de l'Eure.

Dans ce mandement, il énonce ainsi ses titres et qualités:

du 14 juillet, l'évêque Thomas Lindet célébra l'office divin sur la friche de la Poterie, hameau dépendant d'Evreux.

Le 30 octobre de la même année 1791, la société des amis de la Constitution et les autorités de la ville d'Evreux donnèrent une grande fête à Buzot et Lindet, tous deux députés à l'Assemblée Constituante et membres de la société des Jacobins de Paris. Douale, ancien militaire, âgé de 84 ans et garde national, offrit à Lindet une ceinture aux trois couleurs avec l'inscription : *A Robert-Thomas Lindet, la garde nationale d'Evreux reconnaissante.* Duvaucel, maire de la ville, lui décerna ensuite la couronne civique. Le 3 novembre un banquet eut lieu dans les salles de l'ancien couvent de S. Taurin (1).

Lindet adressa à la commune d'Evreux deux lettres par lesquelles il faisait connaître qu'il s'était marié et qu'il abdiquait les fonctions épiscopales (2).

Robert-Thomas Lindet, par la miséricorde divine, l'ordination apostolique et l'élection constitutionnelle, évêque du département de l'Eure, dans la communion de la Sainte-Eglise catholique, apostolique et du saint-siége de Rome, député de l'Assemblée Nationale, etc.

(1) Note manuscrite d'un témoin oculaire.

(2) Evreux, 1791. Imprimerie de J.-J.-L. Ancelle, imprimeur du département et du district d'Evreux.

Dans les registres de l'hôtel-de-ville, à la date du 19 février 1793, on trouve la mention suivante : « Lecture est donnée d'une lettre de Robert-Thomas Lindet, évêque du département de l'Eure, par laquelle il annonce qu'il a vaincu tous les préjugés et a contracté mariage au mois de décembre 1792. » Et au 24 brumaire an II : « Lecture d'une lettre de l'évêque Lindet, en date du 22 brumaire, par laquelle il abdique les fonctions épiscopales. — Mention civique de cette lettre qui est portée à la Société populaire des sans-culottes pour y être lue. Déposée aux archives. »

Le 22 juillet 1793, Robert-Thomas Lindet était secrétaire de la Convention Nationale; il signait en cette qualité deux décrets de la Convention, dont l'un portait que « des six citoyennes d'Evreux dotées par la nation, il y en aurait trois dans la ville de Vernon (1). » Mais déjà Robert-Thomas n'était plus évêque.

(1) Décrets de la Convention nationale. Evreux, 1793, imprimerie de J.-J.-L. Ancelle.

LXXXV

CHARLES-ROBERT

(LAMI OU LAMY).

1798 — 1802.

Robert-Thomas Lindet ayant abandonné l'église d'E-
vreux, l'évêché resta vacant pendant l'effrayante agitation
des années qui suivirent son abdication.

Le 6 thermidor an VI (27 juillet 1798), six membres du
presbytère diocésain établi depuis la nouvelle constitution
et au sein des troubles de cette époque extraordinaire, se
réunirent à Pont-de-l'Arche sous la présidence de l'évêque
métropolitain J.-B.-G. Gratien. Là ils firent un arrêté par
lequel ils invitaient « le clergé et les fidèles de chaque
paroisse du diocèse d'Evreux à nommer six commissaires,
trois ecclésiastiques pris hors le presbytère et trois laïcs,
pour élire aux deux tiers des voix, en leur nom et place,

un évêque, en présence et sous la présidence de l'évêque métropolitain. » Ensuite les six membres du presbytère et les électeurs désignés se réunirent pour procéder à l'élection dans l'église de Louviers. Ils en furent chassés et se réfugièrent à l'auberge *du Mouton*. C'est dans cet endroit qu'ils élurent Charles-Robert Lami, curé de Beaumesnil et de Bernay, qui partit aussitôt pour Paris et fut sacré le dimanche suivant (1).

Par une lettre pastorale datée du 27 thermidor an VIII (15 août 1800), Charles-Robert Lamy, évêque d'Evreux, convoqua pour le 2 vendémiaire an IX (24 septembre 1800), en l'église cathédrale, un synode de tous les prêtres du diocèse d'Evreux, pour rédiger des statuts sur 1° la foi et les sacrements; 2° la discipline et la liturgie; 3° l'extinction du schisme du diocèse; 4° la réorganisation du diocèse. Le synode, après avoir étudié et adopté les statuts, « considérant les dépenses déjà faites par le révérendissime évêque et celles qui seraient à faire pour les frais d'impression de lettres pastorales, mandements, etc., décréta qu'il serait perçu dans chaque archiprêtré une prestation libre, faite par chaque curé ou desservant

(1) Lettre adressée au rédacteur des Annales de la Religion, sur la dernière élection à l'évêché d'Evreux. — Sans nom d'auteur ni d'imprimeur.

avec l'aide des fidèles , pour l'entretien d'une caisse diocé-
saine correspondante aux besoins, dont le compte serait
rendu tous les ans au synode (1).

Charles-Robert se trouva au concile métropolitain
convoqué à Rouen pour le 13 vendémiaire an IX (5 octobre 1800) par Jean-Claude Leblanc-Beaulieu, archevêque
de Rouen. A ce concile assistèrent aussi les évêques de
Coutances, Séez, Bayeux, Saint-Omer, le délégué de
l'évêque d'Amiens, et parmi les députés des diocèses
était Jean-Nicolas Dubusc, curé de Pont-de-l'Arche ,
député du diocèse d'Evreux et promoteur de la métropole (2).

Le 4 ventôse an IX de la République française (23 février 1800), un mandement fut lu au prône de la cathédrale et envoyé dans toutes les paroisses du diocèse,
ordonnant qu'un *Te Deum* serait chanté « pour rendre
à Dieu de solennelles actions de grâces de la paix définitive signée à Lunéville. » Il commence par les mots : Au
clergé et aux fidèles de son diocèse, Charles-Robert Lamy,

(1) Actes du synode du diocèse d'Evreux tenu en l'église
cathédrale, le 24 septembre 1800 (2 vendémiaire an IX). —
Evreux, imprimerie de J.-J.-L. Ancelle.

(2) Actes du Concile métropolitain de Rouen (1800).

par la divine providence et dans la communion du saint-
siége apostolique, évêque d'Evreux, etc. (1).

Robert Lamy exerça ses fonctions jusqu'à la suppression
des siéges épiscopaux de l'église de France, en 1802 , par
le Concordat , aux termes duquel la plupart de ces siéges
furent immédiatement rétablis par le premier consul.
Robert Lamy , comme Robert-Thomas Lindet, resta ensuite dans la vie privée et laïque.

(1) Imprimerie de Abel-Augustin Lanoë, imprimeur du département et de l'évêque.

DEPUIS LE CONCORDAT.

1802—1846.

LXXXVI

JEAN-BAPTISTE

(BOURLIER).

1802—1821.

Après la conclusion et la signature du Concordat fait par le souverain-pontife Pie VII et le premier consul Bonaparte, Jean-Baptiste Bourlier fut nommé évêque d'Evreux par le premier consul en 1802 ; le pape lui délivra les bulles d'institution.

¹ Jean-Baptiste Bourlier, né à Dijon le 1ᵉʳ février 1731, reçu docteur en théologie à la Sorbonne, fut professeur

de théologie à Rouen sous l'archiépiscopat du cardinal de La Rochefoucault. En 1770, Talleyrand-Périgord, coadjuteur de Reims, le recommanda à son archevêque et le fit nommer grand-vicaire et grand-chantre de la cathédrale de Reims. Jean-Baptiste Bourlier assista comme grand-chantre au sacre de Louis XVI. A l'époque de la Terreur, Jean-Baptiste Bourlier caché dans Paris fut dénoncé par son domestique qui le conduisit à la Force. Transféré de la prison de la Force à celle de Charenton et rendu enfin à la liberté, il se retira à Creil (Oise). C'est là qu'il vivait quand on lui proposa de choisir entre plusieurs évêchés. Il choisit celui d'Evreux.

Jean-Baptiste, premier évêque du Concordat, lors du rétablissement du culte, arriva dans cette ville le 29 juin 1802. Il fut intronisé le 14 juillet et refusa d'assister à la fête nationale qu'on appelait la fête du 14 juillet, et à laquelle le préfet Masson-Saint-Amand l'avait invité. L'évêque d'Evreux avait répondu que, cette fête étant purement civile et militaire, rien n'y demandait sa présence. La prise de possession se fit avec l'appareil le plus imposant en présence d'un délégué de l'archevêque de Rouen. Le matin même de ce jour, le maire d'Evreux avec ses adjoints et le secrétaire de la mairie avait proclamé par la ville le Concordat fait entre le pape et le premier consul.

La célébration de la fête du 14 juillet avait suivi cette proclamation; la cérémonie religieuse de l'intronisation de l'évêque couronna la grande journée du 14 juillet 1802.

Le 29 août suivant fut lu au prône, dans la cathédrale, l'arrêté du légat pour la suppression des fêtes appelées depuis Fêtes-à-dévotion.

Le nouvel évêque d'Evreux, après avoir réuni son clergé dispersé, organisa son diocèse en se conformant aux arrêtés du gouvernement sur la suppression d'un certain nombre de paroisses et sur leur circonscription. Ce grand travail à peine achevé, il entreprit de fonder un séminaire. Deux ans après, le séminaire diocésain était institué dans l'ancien couvent de Saint-Taurin. En 1819, il ouvrit l'école secondaire ecclésiastique ou petit séminaire d'E- couis et celle de Bourth près de Rugles. Par son testament il légua 8,000 francs de rentes au séminaire diocésain.

Le 31 juillet 1803, l'évêque d'Evreux ouvrit la grande châsse de S. Taurin, qui était dans la cathédrale depuis la réouverture des églises et qu'un officier municipal nommé Rossignol avait sauvée pendant les troubles de la Révolution en la cachant sous des débris entassés dans la mairie d'Evreux. Après avoir examiné les reliques et vérifié les titres contenus dans la châsse, l'évêque fit rédiger et lire à haute voix devant les nombreux fidèles assemblés un pro-

13

cès-verbal de la cérémonie, et le renferma ensuite dans la châsse qu'il scella de son sceau. Aussitôt après, les curés de Notre-Dame et de Saint-Taurin ayant pris la châsse sur leurs épaules, tout le clergé marchant en procession au milieu d'une population recueillie, Jean-Baptiste Bourlier, premier évêque du Concordat, alla rendre à l'église de Saint-Taurin les reliques du premier évêque d'Evreux.

Le 28 août, il bénit la croix du cimetière.

L'empereur Napoléon nomma Jean-Baptiste Bourlier chevalier de la Légion-d'Honneur. Le 11 août 1807, l'évêque d'Evreux était membre du corps législatif. Il fut l'un des conseillers chargés d'examiner le projet de divorce de l'empereur et signa l'acte de dissolution du mariage entre Napoléon et Joséphine.

Ce fut l'évêque d'Evreux qui rédigea la lettre en forme de déclaration que les prélats, membres de la commission formée en 1811, présentèrent à l'empereur au plus fort de la lutte entre la puissance spirituelle et la puissance temporelle. L'empereur le nomma en 1812 pour rester dans la compagnie du souverain-pontife à Fontainebleau.

Nommé pair de France par Louis XVIII, lors de la création de cette Chambre héréditaire, Jean-Baptiste, évêque d'Evreux, se rendit à Paris dès le mois de septembre 1816 pour se trouver aux séances législatives.

Au mois de juillet 1821, la communauté des Sœurs de la Providence rétablie à Evreux par Jean-Baptiste Bourlier, fut transportée par ses soins, d'une maison qu'il avait achetée pour elles, dans l'ancienne abbatiale de Saint-Taurin aussi achetée par lui. Dans son testament, il légua à la ville d'Evreux la première de ces deux maisons pour qu'il y fût établi une école tenue par des Frères de la Doctrine chrétienne.

Le 24 juin 1821, jour de la Fête-Dieu, l'évêque malade et ne pouvant assister à la procession fit préparer un reposoir dans la cour de l'évêché. Quand vint la procession, le bon évêque, qui s'était fait porter au balcon de sa chambre, se leva soutenu par plusieurs ecclésiastiques pour recevoir la bénédiction du Saint-Sacrement. Tous furent si profondément émus, qu'une souscription fut ouverte le même jour sur la proposition du préfet (Raymond Delaître, maître des requêtes, préfet du département de l'Eure), pour l'exécution d'un grand tableau représentant cette scène majestueuse et touchante.

Le peintre a cru devoir représenter le prélat revêtu de tous les ornements pontificaux et donnant au peuple sa dernière bénédiction pastorale. La vérité est que le prélat trop faible n'avait que le vêtement d'un malade presque mourant et ne pouvait plus lui-même que demander les prières des hommes et la bénédiction de Dieu.

Ce tableau a été placé le 8 décembre 1824 à la cathédrale, dans la nef du côté de la sacristie, par ordre du préfet et malgré l'évêque suivant, qui s'y opposait parce que ce n'était pas un tableau de religion. Depuis 1841, il a été transféré dans la sacristie.

Jean-Baptiste Bourlier, évêque d'Evreux, mourut après une longue maladie le 30 octobre 1821, à l'âge de 90 ans.

Ses funérailles se firent avec beaucoup de pompe; toutes les autorités et la garde nationale y assistaient. Le corps sortit de l'évêché et fut porté, en parcourant plusieurs rues, jusqu'à la cathédrale par des prêtres et des Frères de la Charité. Car il avait fallu céder aux prétentions des Frères qui soutenaient que « Monseigneur Bourlier ayant été reçu et inscrit dans la Charité d'Evreux, son corps devait être porté par autant de frères que de prêtres. » On remarqua que pas un évêque n'était venu pour donner la sépulture à l'évêque d'Evreux. De La Brunière, chanoine et doyen de la cathédrale d'Evreux, fit toute la cérémonie funèbre.

Jean-Baptiste Bourlier fut le premier évêque d'Evreux

enterré dans le caveau destiné à la sépulture des évêques
par Louis-Albert de Lezai-Marnesia, dans la chapelle de
la Mère-de-Dieu.

Il avait été chanoine de la cathédrale de Reims, membre du corps législatif, comte, sénateur, officier de la Légion d'honneur, pair de France.

Il légua ses ornements pontificaux à ses successeurs,
mais il ordonna que la pierre précieuse de sa bague fût
mise au soleil ou ostensoir de la cathédrale.

L'abbé Painchon (1) prononça l'éloge de J.-B. Bourlier,
le 6 septembre 1822, dans la séance publique de la Société
d'agriculture, sciences et arts du département de l'Eure,
dont l'évêque d'Evreux avait été membre et président honoraire, en présence de son successeur Louis-Charles
Salmon du Châtellier, qui dans la même séance fut proclamé président honoraire de ladite Société (2).

(1) Robert-Guillaume Painchon, né à Rouen en 1750, curé
de Bourgtheroulde en 1789, émigré pendant la révolution,
maître de langues en Angleterre, régisseur de domaines en
Hollande, chanoine d'Evreux et secrétaire intime de J.-B.
Bourlier en 1802, grand-vicaire, aumônier du pape Pie VII en
1812, à Fontainebleau, doyen du Chapitre d'Evreux en 1822;
membre du Conseil municipal, organisateur et trésorier de la Société-Maternelle, professeur gratuit de l'enseignement religieux
dans l'école normale primaire; mort en 1836, dans sa 86e année.

(2) M. de Talleyrand a fait aussi l'éloge de J.-B. Bourlier;
on le trouve inséré dans le Moniteur du 30 novembre 1821.

LXXXVII.

LOUIS-CHARLES

(DE SALMON DU CHATELLIER).

1821—1841.

Louis-Charles de Salmon du Châtellier, évêque d'Evreux, comte et pair de France, naquit le 24 août 1761 au château du Châtellier, paroisse de Savigny-sur-Bray, diocèse de Blois, d'une ancienne famille du Vendomois, connue dès le temps de Charles VII.

Après avoir fait sa licence en Sorbonne, il devint chanoine de la cathérale du Mans et grand-vicaire de son évêque. La révolution de 1789 arriva; il partit pour l'émigration et on le vit en Angleterre prodiguer ses consola-

tions spirituelles et même temporelles aux prisonniers
français enfermés à Norman-Cross. A la Restauration il
rentra en France et fut fait aumônier du comte d'Artois
(depuis Charles X). Le roi Louis XVIII le nomma à l'évêché de Laon. Mais ce siége n'ayant pas été rétabli, Louis-
Charles du Châtellier fut nommé à celui de Mende en
1821. Un défaut de formes commis au ministère des cultes
empêcha la consécration de l'évêque nommé. A cette époque le siége d'Evreux devint vacant : Louis-Charles de
Salmon du Châtellier y fut nommé. Il fût sacré le 2 juin
1822, installé par procureur le 14 du même mois ; le 13
juillet suivant il prit personnellement possession de cette
église qu'il administra pendant 19 ans.

Son premier soin fut le rétablissement de l'office public
des chanoines. Quelques années après, il donna une nouvelle édition de toute la liturgie du diocèse, en conservant
l'ancienne et en n'y faisant que les additions nécessaires.
Trouvant que, par trop d'empressement à remplir les vides
nombreux des cures, on avait affaibli les études ecclésiastiques en les abrégeant, Louis-Charles ordonna que nul
ne serait admis au sacerdoce sans avoir fait un cours complet d'humanités, de philosophie et de théologie. Et alors
il conçut le projet de fonder un petit séminaire. Les élèves
furent placés dans un ancien presbytère et ses dépen-

dances, et la construction du petit séminaire actuel fut
aussitôt commencée et promptement achevée. Plus tard il
fit restaurer l'ancienne chapelle de S. Aquilin, dont il voulait faire la chapelle de son petit séminaire et il en fit la dédicace. A l'entretien de cet établissement il avait consacré
tous les produits de son secrétariat. Plusieurs communautés religieuses s'étaient rétablies dans son diocèse; il ordonna la clôture dans toutes les maisons dont la règle
l'exigeait.

Charles X arrivé au trône en 1824 créa pair de France
Louis-Charles du Châtellier. Lors des mesures arrêtées
par le gouvernement au sujet des petits séminaires, c'est
lui qui fut chargé par les évêques de France de présenter
des observations à l'évêque de Beauvais alors ministre des
cultes.

La révolution de 1830 arriva. Louis-Charles, évêque
d'Evreux et pair de France, autrefois aumônier du comte
d'Artois, salua Charles X passant à Verneuil pour s'en
aller en exil ; dès-lors il renonça à toutes les affaires politiques et aux fonctions de pair de France. En déclarant
au nouveau préfet de l'Eure ses sentiments au sujet des
événements accomplis et de la famille déchue : « Je suis
évêque, lui disait-il, je me dois à mon diocèse, et jamais
vous ne me trouverez impliqué dans aucune intrigue. »

Louis-Charles établit à Evreux les retraites pastorales.
Chaque année il réunissait pendant huit jours au grand séminaire autant de prêtres du diocèse que les bâtiments
pouvaient en contenir. Dans ses dernières années sa vue
s'était considérablement affaiblie, il était presque aveugle;
d'autres infirmités rendirent sa vieillesse assez pénible.
Après une maladie de trois mois, Louis-Charles de Salmon du Châtellier mourut le jeudi-saint 8 avril 1841,
âgé de près de 80 ans (1).

Son corps fut embaumé et placé sur un lit de parade
dans une salle de l'évêché pendant plusieurs jours. Il fut
porté ensuite de l'évêché à la cathédrale, où l'évêque de
Chartres (Clauzel de Coussergues), son ami, l'inhuma dans
le caveau destiné à la sépulture des évêques, dans la chapelle de la Mère-de-Dieu. Le préfet, le général, toutes les
autorités et les fonctionnaires publics de la ville assistèrent à la cérémonie. Il n'y a point eu d'éloge funèbre et
l'on a remarqué que le corps ne fut pas porté à S. Taurin
et qu'il *ne sortit pas* selon l'ancien usage (2).

(1) A consulter: Eloge historique de feu Monseigneur
Charles-Louis de Salmon du Châtellier, évêque d'Evreux ; par
un de ses grands-vicaires. Evreux, imprimerie de Canu, 1842.

(2) On a le portrait de cet évêque, lithographié par M. Du
Louvigny, peintre à Evreux.

NICOLAS II

(THÉODORE-OLIVIER).

1841.

Nicolas-Théodore Olivier, né à Paris en 1798, curé de Saint-Pierre-de-Chaillot et de Saint-Etienne-du-Mont à Paris, puis de Saint-Roch en 1833, chanoine de Notre-Dame-de-Paris, chevalier de la Légion d'honneur, fut nommé évêque d'Evreux après la mort de Louis-Charles, par ordonnance royale du 18 avril 1841, préconisé en consistoire le 12 juillet, et sacré par l'archevêque (1) de Paris dans l'é-

(1) Monseigneur Affre.

glise de St-Roch le 6 août, en présence des évêques de Séez et de Versailles, de l'internonce du pape, de tous les ministres du roi, des députés du département de l'Eure, des vicaires-généraux d'Evreux et d'une députation des citoyens de sa ville épiscopale. Le 9 août, l'administration municipale d'Evreux distribua en secours aux indigents une somme de 1,000 francs envoyée dans ce but par leur nouvel évêque. La réception et l'installation eurent lieu le 10 août 1841 avec toute la pompe prescrite par le décret de l'an X.

FIN.

TABLE DES MATIÈRES.

14

FIN DE LA TABLE.

———

ERRATA:

A la page 17, article S. Aquilin, après *Clotaire II*, lisez : *ou plutôt Clovis II.*

P. 27. — XIX* évêque : au lieu de *Pitis*, lisez *Pistae* (Pont-de-l'Arche).

P. 42. — Dans la note : au lieu de *t. II*, lisez *t. XI.*

P. 71. — *Jean de Garencière*, homme... lisez *Jean de Garencière*, homme d'armes, et...

P. 80. — Dans la note : *bierre*, lisez *bigre.*

P. 100. — *Des vicaires : généraux*, lisez *des vicaires-généraux.* — Ligne 6 : *proclamer*, lisez *fixer.*

P. 112, ligne 5. — *Bedfard*, régent, lisez *Bedford, régent de...*

P. 136. — *Ambroise Le Veneur*, 1511-1530, lisez 1511-1531.

P. 120. — En titre, lisez *Guillaume VI.*

P. 152. — *Guillaume IV de Péricard*, lisez *Guillaume VII.* — De même p. 153, lignes 4 et 9.

P. 154. — Lisez *François I.*

Même page, ligne 5. — Lisez *Guillaume VII.*

P. 170. — En titre, lisez *Pierre III.*

———

Evreux, Imprimerie de Louis TAVERNIER et Cie.

www.ingramcontent.com/pod-product-compliance
Lightning Source LLC
Chambersburg PA
CBHW070606100426
42744CB00006B/413